COUPAGE ET BONIFICATION DES VINS ET SPIRITUEUX

OFFICE
DES
DISTILLATEURS

MANUEL OU LIVRE DE RECETTES SIMPLIFIÉES

POUR FABRIQUER SOI-MÊME

LES SIROPS OU LIQUEURS

PAR L'INFUSION
DES PLANTES AROMATIQUES OU PAR LES PARFUMS CONCENTRÉS

Bénéfices réalisables, 25 à 30 0/0

100 RECETTES DIFFÉRENTES
ET
DIVERS RENSEIGNEMENTS UTILES

PAR CHARLES GUÉRIN
ANCIEN DISTILLATEUR

DEUXIÈME ÉDITION

PRIX DU MANUEL ET DU TARIF : 3 FRANCS

PARIS
O.-B. F. GUÉRIN
RUE DE LA PAIX, 50 (BATIGNOLLES)

1867

COUPAGE ET BONIFICATION DES VINS ET SPIRITUEUX

OFFICE DES DISTILLATEURS

MANUEL OU LIVRE DE RECETTES SIMPLIFIÉES POUR FABRIQUER SOI-MÊME

LES SIROPS OU LIQUEURS

PAR L'INFUSION DES PLANTES AROMATIQUES OU PAR LES PARFUMS CONCENTRÉS

Bénéfices réalisables, 25 à 30 0/0

100 RECETTES DIFFÉRENTES

ET

DIVERS RENSEIGNEMENTS UTILES

PAR CHARLES GUÉRIN
ANCIEN DISTILLATEUR

DEUXIÈME ÉDITION

PARIS
O.-B. F. GUÉRIN
RUE DE LA PAIX, 50 (BATIGNOLLES)
1867

Messieurs,

J'ai l'avantage de vous faire savoir que j'ai quinze années de pratique. Mon livre de recettes, que j'ai intitulé le *Manuel de l'Office des distillateurs*, est fait consciencieusement. Il suffit de quelques heures pour le lire et de quelques jours pour l'étudier, et pour la somme peu ruineuse de 3 francs, on a cent recettes différentes, avec lesquelles on en sait autant et plus que si on avait une longue expérience. Afin d'éviter les contrefaçons, le dépôt de ce Manuel a été fait le 1er août 1866, et toutes les formalités exigées par la loi ont été remplies.

Les personnes qui auraient des renseignements à demander, en ce qui concerne la fabrication des liqueurs, bonification, amélioration et coupage des vins et spiritueux, pourront écrire ou se présenter les lundi et jeudi de chaque semaine, de sept heures à neuf heures du matin, à Paris, rue de la Paix, 50, Batignolles.

Sur la présentation du Manuel, les renseignements seront gratuits.

Le Gérant de l'Office : **Charles GUÉRIN** ;
ANCIEN DISTILLATEUR.

(*On ne reçoit que les lettres affranchies.*)

AVIS UTILE.

ÉCOLE IMPÉRIALE DES PONTS ET CHAUSSÉES, PARIS.

Les commerçants qui éprouveraient le besoin, pour quelque cause que ce soit, de faire analyser des produits alimentaires ou liquides, pourront envoyer un échantillon de ce qu'ils désireront faire analyser, en priant M. le directeur de l'École impériale des ponts et chaussées de vouloir faire analyser ce qu'ils lui soumettront d'après leur lettre du
et de bien vouloir faire rendre réponse du résultat de l'analyse. Environ un mois après vous aurez l'avantage, comme votre tout dévoué Guérin, de recevoir *franco* une lettre du détail du produit que vous aurez donné.

Paris. — Typographie HENNUYER ET FILS, rue du Boulevard, 7.

MOYEN

DE PURIFIER LES EAUX

DE TOUTE SUBSTANCE NUISIBLE.

La purification des eaux potables étant une question vitale, il est bon de faire connaître un procédé très-simple pour débarrasser une eau quelconque de toutes les matières organiques qui lui donnent un mauvais goût ou qui en rendent même l'usage dangereux. Pour obtenir une excellente eau de table, il suffit de préparer *une dissolution neutre de trisulfate d'alumine* et d'ajouter cette dissolution à l'eau à purifier, dans la proportion d'une cuillerée à bouche dans un seau de dimension ordinaire. A peine cela est-il fait, qu'un nuage se forme dans la liqueur et des flocons descendent rapidement, entraînant au fond toutes les matières organiques, et débarrassant l'eau de toute coloration, de toute odeur ; en six ou huit heures, le dépôt est complet, et cela aussi bien pour mille litres que pour un seul.

PRINCIPES DE CETTE ÉPURATION.

Toute eau renferme du bicarbonate de chaux dissous en proportion plus ou mois forte. L'acide sulfurique du trisulfate s'empare de la chaux pour former un sulfate presque insoluble, lequel se précipite. L'hydrate d'alumine, devenu libre, forme avec la matière organique un produit qui se précipite également. L'acide carbonique du bicarbonate de chaux reste libre et communique à l'eau une saveur favorable. Voilà donc un moyen à la portée de tout le monde de boire toujours de l'eau exempte de principes organiques nuisibles. Quant aux eaux dites *lourdes*, ou trop chargées de matières calcaires, il suffit d'y ajouter une très-faible dose de bicarbonate de soude pour les débarrasser de leur excès de chaux.

PHÉNOMÈNE DE RÉDUCTION DES ALCOOLS.

L'alcool est, comme on sait, un produit qui se forme pendant l'acte de la fermentation des liqueurs qui renferment du sucre, et c'est par voie de distillation qu'on l'extrait de ces liqueurs fermentées.

L'alcool pur est un liquide incolore, très-fluide, plus léger que l'eau, d'une odeur faible et d'une saveur brûlante qui diminue quand on l'étend d'eau. Son poids spécifique varie avec les températures, et à 15 degrés centigrades, il est égal à 0,7947, celui de l'eau au maximum de condensation étant pris pour unité.

L'alcool bout sous la pression barométrique de $0^m,76$ à la température de $78°,41$ centigrades. Un volume d'alcool bouillant donne 488,3 volumes de vapeur à celle de 100 degrés centigrades.

En décomposant l'alcool, on a trouvé pour sa composition :

	En centièmes.	En équivalents chimiques.
Carbone. . . .	52.17	300 C^4
Hydrogène. . .	13.05	75 H^6
Oxygène. . . .	34.78	200 O^2
	100.00	575

Les plus grands froids sont sans action sur l'alcool. A la température ordinaire et au contact de l'air, il se change en acide acétique. A une température élevée, il brûle et se transforme en produits gazeux. Il est inflammable et brûle avec une flamme pâle.

L'eau et l'alcool se mélangent en toute proportion. et rien n'est plus facile, quand on connaît le degré d'un alcool, que de le ramener, au moyen de l'eau, à à un degré inférieur. C'est cette opération à laquelle on a donné, dans le commerce, le nom de *réduction*.

Avant de parler de la table de mouillage, c'est-à-dire la table pour convertir un liquide spiritueux de force connue en un autre, aussi de force donnée, mais plus faible, je dirai qu'il se présente ici un phénomène qui affecte le mélange d'une manière assez sensible. Ainsi, 10 litres d'alcool et 10 litres d'eau parfaitement mélangés ne donnent pas 20 litres, mais bien 19$^{\text{lit.}}$,251. C'est ce qu'on appelle la *contraction*, qui est de 0$^{\text{lit.}}$,769.

Mais ce qu'il y a de curieux, c'est que cette contraction va en augmentant à mesure que la quantité d'alcool diminue, jusqu'à ce que celui-ci soit à peu près dans la proportion de 55 en volume contre 45 d'eau, et que quand la proportion d'eau augmente encore, la contraction diminue. Le tableau suivant, qui a son utilité dans la pratique, a été calculé à la température de 158 degrés, ce qui indique la marche de ces phénomènes.

100 lit. d'alcool pur	et	0 lit. d'eau	se contractent de	0 lit.
95	—	5	—	1.18
90	—	10	—	1.94
85	—	15	—	2.47
80	—	20	—	2.87
75	—	25	—	3.19
70	—	30	—	3.44
65	—	35	—	3.615

60 lit. d'alcool pur et	40 lit. d'eau se contractent de		3.73
55	—	45	— 3.77
50	—	50	— 3.745
45	—	55	— 3.64
40	—	60	— 3.44
35	—	65	— 3.14
30	—	70	— 2.72
25	—	75	— 2.24
20	—	80	— 1.72
15	—	85	— 1.20
10	—	90	— 0.72
5	—	95	— 0.31

La contraction du mélange n'est pas la même aux autres températures ; ainsi l'on a constaté que celle maxima à 15 degrés centigrades ou 3lit,77 varie ainsi qu'il suit :

A + 10°,0 C., elle est de		3lit,97
+ 15°,0	—	3 ,77
+ 17°,5	—	3 ,00
+ 37°,5	—	3 ,31

On obtient l'alcool pur ou absolu en distillant le vin ou autres liquides alcooliques pour obtenir l'eau-de-vie, distillant de nouveau celui-ci pour avoir de l'esprit, et lorsque la force alcoolique n'augmente plus par une simple distillation, ce qui arrive lorsqu'il renferme environ 90 centièmes d'alcool en volume et 10 d'eau, on lui enlève ces 10 volumes d'eau en le distillant sur de la chaux vive.

L'alcool qu'on trouve dans le commerce est rarement l'alcool absolu, mais il est étendu d'une plus ou moins grande quantité d'eau, et c'est sous cette forme qu'il porte, suivant ses forces, les noms d'esprit, d'eau-de-vie, etc.

Les eaux-de-vie de premier choix, pour boissons, provenant des pays renommés pour leur production, sont généralement recherchées pour leur saveur délicate et leur arome, et l'on s'embarrasse assez peu de la force de l'alcool, qui est, du reste, toujours assez élevée (il n'en est pas de même des eaux-de-vie ordinaires).

AVIS POUR LE PESAGE DES SPIRITUEUX.

Afin d'éviter toute contestation et pour pouvoir se rendre compte exactement du degré réel de tout spiritueux, je recommanderai toujours de prendre un échantillon en haut du fût, un autre en bas et un dernier au milieu, soit avec une pompe de fond ou trou de fosset; vous mélangerez ces trois échantillons ensemble, et après cette opération, et ce, au bout de cinq minutes, vous plongerez votre alcoomètre et thermomètre dans ces échantillons communs; vous consulterez ensuite la table de correction, qui finira de vous donner le degré réel. Quand on désirera connaître à un millième de degré la quantité d'eau à ajouter à un volume quelconque, on pourra multiplier le volume à réduire par la différence des degrés employés à celui que l'on désirera, et l'on divisera le produit par le degré à établir.

EXEMPLE :

300 litres alcool à 90° à réduire à 40°.

$300 \times \frac{50}{40} = 375$ litres d'eau à ajouter aux 300 litres esprit de 90°.

COMPARAISON DES DEGRÉS.

Les 100, 95 et 90° sont des esprits du Nord.
» » » 85° esprits de vin.
» 58 et 60° eau-de-vie de Cognac.
» 50 » eau-de-vie d'Armagnac.

REMONTAGE DES SPIRITUEUX.

Pour 1 hectolitre.

Toute eau-de-vie ou spiritueux pesant 50 degrés, que l'on désirera remonter à un degré donné, il suffira d'ajouter à ce spiritueux 2 litres d'alcool de même force pour chaque degré que l'on désirera avoir, c'est-à-dire que pour arriver à 51 degrés, on mettra 2 litres d'alcool réduit à 90 degrés; pour 52 degrés, 4 litres; pour 53 degrés, 6 litres; pour 54 degrés, 8 litres, et ainsi de suite jusqu'au degré voulu.

INDICATEUR DES FUTS EN VIDANGE.

DES QUANTITÉS DE LIQUIDE MANQUANT DANS LES FUTAILLES SELON LE CREUX EXISTANT SOUS BOIS.

On a souvent besoin de connaître la quantité de liquide manquant dans les fûts; j'ai établi, à cet effet, un tableau approximatif pour remplacer celui de la régie, qui est très-compliqué. Je crois donc devoir reproduire ce tableau afin de servir aux divers usages journaliers. Ainsi que je viens de le dire, ce tableau n'est pas d'une exactitude rigoureuse; il varie en raison de la manière dont les fûts sont faits, mais, tel qu'il est, il rend journellement des services.

CONTENANCE DES TONNEAUX

par mètre et millimètres.

MILLIMÈTRES de creux sous bois.	TOTAL DES MANQUANTS DANS LE FUT					
	De 600 à 650	De 500 à 550	De 400 à 450	De 300 à 330	De 200 à 228	De 100 à 114
millimètr.	litres.	litres.	litres.	litres.	litres.	litres.
28	4	3 1/2	3	2 1/2	2	1 1/2
55	10 1/2	10	9	6 1/2	6	5
83	20	20	19	14	13	9
110	39	35	30	24	20	15
135	48	50	45	36	30	22
165	66	68	60	49	40	29
193	85	90	72	63	49	37
220	105	113	91	78	61	45
250	126	135	111	94	74	53
275	148	158	129	111	86	61
300	172	180	150	128	100	68
333	184	206	171	145	114	75
360	229	230	192	162	128	82
390	259	254	215	178	142	88
415	291	278	235	192	154	94
440	325	302	255	208	167	100
470	363	326	274	224	178	105
500	397	350	228	240	189	109
525	426	374	304	255	199	114
550	458	398	319	270	208	
580	487	420	335	283	215	
600	510	442	350	296	222	
636	532	460	365	307	226	
666	554	478	378	315	228	
690	574	495	390	320		
720	593	510	402	324		
748	614	520	411	326		
776	626	527	415			
800	637	530				
823	645					
854	648					
880	650					

NOMS DES PIÈCES.	Contenance en litres.	Longueur intérieure.	Diamètre intérieur du bouge.	Diamètre intérieur du fond.
		millimèt.	millimèt.	millimèt.
Demi-hectolitre..	50	454	389	345
Hectolitre........	100	572	490	435
Double hectolitre.	200	720	618	548
	300	825	707	628
	400	908	778	691
Demi-kilolitre....	500	978	838	745
	600	1039	891	791
	700	1093	938	833
	800	1144	980	871
	900	1190	1019	906
Kilolitre.........	1000	1232	1056	938

AVANTAGE RÉEL POUR LES DÉBITANTS HORS PARIS.

La taxe, qui était, jusqu'à la fin de 1855, de 37 fr. 40 c., décime compris, par hectolitre, a été portée ensuite à 60 francs; elle est aujourd'hui de 90 francs.

La loi accordant 35 litres alcool pur pour la fabrication de 100 litres de liqueurs sucrées, ces 35 litres ne devraient être taxés que de 31 fr. 50 c.; or, par le fait, ils le sont de 90 francs, puisque les 65 parties d'eau et de sucre qu'on y ajoute sont imposées comme alcool.

Cette disposition ouvre la voie facile, elle donne un bénéfice réel.

En effet, par la vente de 100 litres de liqueurs, le vendeur peut se couvrir au moyen d'un payement de 31 fr. 50 c., ainsi qu'il est expliqué plus haut; les acheteurs, obligés d'acquitter la taxe de 90 francs, donneront toujours la préférence aux débitants fabricants et non aux maisons de gros, qui ne peuvent leur bonifier cette différence de 58 fr. 60 c. par hectolitre de liqueur.

De cet exposé, il résulte que tous les débitants ont un immense avantage à fabriquer eux-mêmes leurs liqueurs avec les alcools parfumés.

COMMENTAIRES.

Il existe beaucoup d'ouvrages sur la fabrication des vins, alcools, eaux-de-vie, liqueurs et vinaigres ; il n'y en a aucun qui soit spécial à l'amélioration de ces liquides. Cependant, un tel ouvrage est des plus utiles; car, jusqu'à ce jour, la routine a été le seul guide que l'on ait suivi, soit pour les bonifier, soit pour les guérir de leurs maladies. C'est dans l'intention de combler cette lacune que je fais publier cette brochure.

EXTRAIT DU CODE DE COMMERCE.

« Le commissionnaire qui se charge d'un transport par terre ou par eau est tenu d'inscrire sur son livre-journal la déclaration de la nature et de la quantité des marchandises, et, s'il en est requis, de leur valeur.

« Il est garant de l'arrivée des marchandises et effets dans le délai déterminé par la lettre de voiture, hors le cas de force majeure, légalement constatée.

« Il est garant des avaries ou perte des marchandises, s'il n'y a stipulation contraire dans la lettre de voiture, ou force majeure.

« Il est garant des frais du commissionnaire intermédiaire auquel il adresse les marchandises.

« La marchandise, sortie du magasin du vendeur ou de l'expéditeur, voyage, s'il n'y a pas de convention contraire, aux risques et périls de celui à qui elle appartient, sauf son recours contre le commissionnaire et le voiturier chargés du transport. »

Les tribunaux et cours suprêmes ont admis que l'addition de caramel dans l'eau-de-vie ne constitue pas une fraude. On permet la libre vente du vin fait avec une addition de 10 pour 100 de sucre ou de glucose ; comment admettre que l'on punirait l'addition d'une substance inoffensive dans la proportion de 1 à 2 pour 100, surtout quand cette substance est composée des mêmes éléments que le vin, et qu'elle s'en rapproche plus que les divers sucres et sirops, surtout les sirops de glucose massés, qui contiennent encore très-souvent de l'acide sulfurique, lesquels sont employés dans la proportion de 7 à 10 pour 100? On admet implicitement la coloration artificielle des vins, à condition toutefois qu'elle soit d'une parfaite innocuité.

LE VIN.

Cette liqueur si précieuse, qui ranime les forces de l'homme affaibli par la maladie, et contribue à entretenir sa santé lorsqu'il en use modérément, exige des soins, des précautions, sans lesquelles non-seulement il n'acquiert pas toutes les qualités qu'il doit avoir, mais encore il s'altère en plus ou moins de temps.

La manière de préparer les vins au vignoble contribue sans doute à les rendre meilleurs et susceptibles de conservation ; mais ils se détériorent dans les caves, par suite de la négligence que l'on met à remplir les tonneaux, à les clarifier et à les soutirer en temps utile. Lorsque cet accident arrive, le commerçant, qui en ignore la cause, accuse le vendeur de lui avoir fourni du vin mélangé, ou composé de matières étrangères, nuisibles à la santé; il naît de là une méfiance difficile à détruire, quoique souvent mal fondée.

Les vins les mieux soignés éprouvent des altérations qui leur sont naturelles; quelquefois ils se rétablissent d'eux-mêmes, et presque toujours lorsqu'on y porte le remède nécessaire. Les personnes qui ne connaissent pas ces phénomènes croient que leur vin est perdu aussitôt qu'il prend un goût désagréable; elles s'empressent de le vendre à vil prix, tandis que, quelques mois plus tard, elles auraient pu le boire, pourvu de toutes ses qualités.

Témoin des pertes que généralement on éprouve par la négligence qu'on apporte dans la direction de la cave, j'ai pensé qu'il était utile de l'éclairer, et de donner des recettes et des moyens sûrs pour la conservation des vins, en indiquant en même temps les causes qui contribuent à les altérer. Tel est le but de mon ouvrage, qu'on peut considérer comme un traité pratique mis à la portée de tous les commerçants. Les jeunes gens qui entreprennent le commerce des vins y puiseront des connaissances qu'ils ne pourraient acquérir que par plusieurs années d'expérience, et les négociants les plus expérimentés y trouveront encore quelques renseignements et des recettes utiles qu'ils ne connaissaient pas.

Bouquet, séve du vin et arome. — Le bouquet du vin est le parfum qui s'exhale quand on échauffe son verre en le tenant à la main. L'odorat le perçoit facilement en portant le verre près du nez. — La séve et l'arome sont la saveur qu'on perçoit pendant que l'on boit, ou après que le vin est bu.

Je n'ai pas l'intention de faire un cours de dégustation, mais purement et simplement d'expliquer sommairement des faits qui ne sont pas assez généralement connus.

Le bouquet et la séve sont le point caractérisque des bons vins et des vins agréables. Il n'y a donc ni bons vins, ni vins agréables sans eux. L'arome est le goût de terroir ou la saveur propre à chaque raisin. Il est presque toujours désagréable. — Le *bouquet* est dû à la présence de l'éther œnanthique contenu dans le vin ; la *séve* est due à la combinaison des acides et sels organiques ; l'*arome*, à l'enveloppe du raisin. Le premier et le second sont le résultat de la fermentation, le troisième est tout formé dans la grappe.

Il faut donc s'attacher à donner aux vins du bouquet et de la séve. On y parvient de plusieurs manières : 1° en soutirant et collant le vin au plus tard en janvier ; 2° en tenant les fûts toujours pleins ; 3° en les remplissant avec du vin du même cru et de même année ; 4° en ajoutant un *bouquet : extrait de Bordeaux, Pomard, séve de Médoc, de l'Ermi-*

tage, etc., pour les vins rouges, ou une ***sève de Chablis, des vins blancs vieux****, de Champagne*, etc., pour les vins blancs, en faisant des coupages à la façon de Bordeaux avec les vins de Piquepoul, Roussillon, Cette, Marseille, etc., Cher, Bourgogne et gros noir de Blois. On obtient un très-bon vin.

L'addition de ces vins et des produits œnologiques donne des bouquets et séves factices des plus agréables et des plus recherchés.

Les coupages ou mélanges ont plusieurs buts : 1° ils améliorent les vins médiocres; 2° ils servent à colorer les vins blancs ou les vins pâles; 3° ils remontent les vins faibles; 4° ils rétablissent certains vins malades; 5° ils détruisent ou affaiblissent les mauvaises saveurs et aromes.

Comme on le voit, les mélanges ou coupages sont d'une grande importance et d'une grande utilité; mais il faut savoir les faire. Autrement, on court le risque de causer la perte des vins mélangés maladroitement.

Bonification des vins et où il faut les placer. — Les vins de France et les vins étrangers de même nature se conservent mieux dans les caves que dans les celliers; mais les vins de liqueur, tels que ceux de Malaga, Alicante, Pacaret, Chypre, etc., les vins secs de Madère, Ténériffe, Xérès, etc., acquièrent plus de qualité quand on les tient dans un endroit chaud. Ces mêmes vins ne s'altèrent pas lors même que les tonneaux ou les bouteilles ne sont pas tout à fait pleins; ils vieillissent plus promptement et deviennent souvent meilleurs. A Madère, on met les vins dans des étuves pour les vieillir.

Le vin qui est gelé doit être soutiré aussitôt, afin

de séparer la partie liquide et spiritueuse de la partie solide, qui n'est que de l'eau glacée. Si le vin a dégelé et que l'eau se mélange à la partie qui n'a pas gelé, il se trouble, perd sa couleur, devient fade et insipide. Pour remédier à ces inconvénients, il faut : 1° ajouter un demi-litre d'alcool de vin par hectolitre; 2° un litre de teinte bordelaise ou vin de mûres pour ramener le vin à une bonne couleur; 3° coller. Il est entendu qu'à chaque addition, on doit donner un léger coup de fouet. Après la clarification, on soutire dans un fût méché, ou on met en bouteilles, s'il s'agit de vin vieux.

A la fin de janvier, les vins nouveaux doivent être limpides; s'il y en a qui ne le sont pas, il faudra les déguster et rechercher la cause qui a produit cette altération, car c'en est une qui peut conduire le vin rapidement à toutes les dégénérescences.

Les causes qui rendent le vin trouble à cette époque, ou plutôt qui en ont empêché la clarification et le dépouillement, sont de natures diverses. Tantôt c'est le défaut de maturité du raisin; tantôt c'est que la fermentation a été lente et qu'elle se continue sourdement; ou bien encore, qu'elle est incomplète.

Dans le premier cas, il faut viner le vin, en y ajoutant 1 ou 2 litres d'alcool par hectolitre, après l'avoir préalablement soutiré. Si c'est le défaut de fermentation, ou qu'elle soit incomplète, il faut opérer comme il suit :

Pour 100 litres de vin, prenez :

Sucre	1 kilog.
Lie de vin blanc épaissie. . . .	2 litres.
Eau tiède.	1 litre.

Faites dissoudre le sucre dans l'eau chaude et versez dans le fût, ajoutez-y 2 litres de lie de vin blanc, et agitez ; la fermentation se déclarera et le vin deviendra très-clair en peu de temps.

ORDONNANCE

*Concernant la police des garçons marchands de vin et garçons marchands de vin traiteurs, à **Paris**.*

Aucun garçon marchand de vin ou garçon marchand de vin traiteur ne peut quitter le marchand chez lequel il est placé, sans l'avoir averti au moins huit jours d'avance, si ce n'est du consentement du marchand. Dans tous les cas, ce dernier devra lui délivrer un certificat.

Il ne peut sortir de chaque boutique plus d'un garçon par semaine, si ce n'est du consentement du marchand.

Tout garçon marchand de vin qui sortira de chez un commerçant ne pourra, pendant l'espace d'une année, entrer chez un marchand, s'il n'existe un intervalle de quinze boutiques du même commerce entre le marchand qu'il aura quitté et celui chez lequel il entrera.

Tout garçon marchand de vin, ou fils de marchand de vin, qui désirera acquérir ou former un établissement, sera tenu de laisser entre sa boutique et celle du marchand qu'il aura quitté, un intervalle de trois cent quatre-vingt-dix mètres en tous sens.

Il sera pris envers les contrevenants aux dispositions ci-dessus, telles mesures de police administrative qu'il appartiendra, sans préjudice des poursuites à exercer contre eux par-devant les tribunaux, conformément aux lois et aux règlements qui leur sont applicables.

MOYEN DE POUVOIR BIEN DÉGUSTER LES VINS.

Gardez-vous de manger des choses épicées ou un fromage quelconque avant d'avoir goûté vos vins (c'est ce que l'on appelle vulgairement les biscuits des ivrognes, car tous les vins alors vous paraissent bons ou du moins meilleurs).

Aussi voit-on tous nos fins gourmets ne manger que du pain sec avant la dégustation, et même en goûtant les vins.

IDÉE GÉNÉRALE DU COMMERCE DE MARCHAND DE VIN.

Ce commerce est fort ancien, il était connu des Romains et porté, dit-on, à une perfection inconnue parmi nous, puisqu'on avait trouvé le secret de conserver les vins pendant près d'un siècle.

Ce qu'il y a de certain, c'est que depuis très-longtemps on ne parvient en France à conserver pendant un siècle aucune espèce de vins. Ceux de Bordeaux, de Champagne, du Quercy et quelques autres que la vieillesse bonifie, se conservent pendant vingt à ving-cinq ans, mais après cet âge ils perdent leur saveur, leur force, leur couleur; il en est même qui se décomposent, ce sont alors des vins usés. Mais ceux de Bourgogne, d'Orléans, de Touraine, de Blois, se conservent beaucoup moins longtemps, car, après trois, cinq ou sept ans, ils ne sont plus potables. Tout l'art, tous les soins d'un bon et habile marchand de vin ne pourraient en conserver aujourd'hui d'aucune espèce dans un état parfaitement naturel au delà de vingt-cinq à trente ans.

Les premières préparations des vins faites avec intelligence, sans artifice ni fraude, sont une garantie de leur bonté et de leur conservation. Par exemple, lorsque l'on foule les raisins dans le pressoir ou la cuve, le liquide qui en est exprimé et qui coule directement dans les premiers vases, est le meilleur produit du fruit de la vigne ; il est dans son état naturel, rien encore n'a pu l'affaiblir, il renferme en lui toute la bonté du fruit dont il est l'expression ; mais dès qu'il subit quelque mélange, même le plus léger, sa nature en est plus ou moins altérée ; elle l'est même dès que l'on confond la mère-goutte [1] avec le produit du pressurage [2]. Aussi le vin de ce produit est loin d'être aussi estimé que celui de la mère-goutte. Mais il faut savoir distinguer l'un de l'autre par un choix éclairé, c'est-à-dire par une habile dégustation, ce qui n'est pas toujours facile à ceux qui n'en ont pas la pratique.

Il est plus difficile encore de reconnaître les nombreuses mixtions que l'on peut pratiquer dans la fabrication des vins de cent pays vignobles, dont les préparations, les méthodes, les procédés diffèrent souvent d'une manière sensible. Ces différences influent sur la nature des vins lors même qu'il n'y a pas

[1] On appelle *mère-goutte* le premier jus ou expression du raisin, sans mélange.
[2] On nomme *pressurage* le liquide qui, par l'action ou l'effort du pressoir, est exprimé des raisins foulés ou écrasés, et que dans cet état on appelle *rafle* ou *râpe*.

de fraude. Cela est vrai surtout lorsque l'on s'attache à obtenir la plus grande quantité de raisin, sans égard à leur qualité ; ou lorsque la fermentation dans les cuves est insuffisante, ou lorsqu'il y a une évaporation extraordinaire.

Et, sans parler de ces préparations abusives, de ces mixtions insalubres ou dangereuses, si peu faciles à reconnaître, demandons s'il est beaucoup plus aisé d'apprécier les qualités et les défauts particuliers de chaque espèce de vins ? Le plus grand nombre des vins a un goût local, un bouquet et un caractère qui lui sont propres. A quels signes distinguer ceux qui d'abord sont très-potables, et qui cependant renferment déjà en eux-mêmes des éléments vicieux qui les conduiront dans la suite à la graisse, ou au pourri, ou à l'échauffé, ou à l'état de vinaigre ?

Mais déjà les réflexions que je fais prouvent qu'il ne suffit pas au marchand de vins de savoir les acheter et vendre ; il faut encore qu'il sache le faire avec discernement et prudence ; il doit savoir plus, conserver et bonifier.

Pour bien acheter, on doit d'abord connaître les pays où l'on opère, la situation et l'espèce des vignobles, leur climat, la température de l'année à laquelle appartient la récolte, les préparations des vins suivant les localités, et les qualités qui les font plus ou moins rechercher ; mais il est prudent de ne pas se décider uniquement par son propre goût, car je ne pense pas que nul homme, quelque expérience qu'il ait acquise, puisse être un gourmet universel ; le vin est peut-être de toutes les productions de la nature la plus difficile à apprécier ; il convient donc de soumettre son goût et son choix à un dégustateur local, digne de confiance.

Mais ce n'est pas tout : il est des époques et des circonstances qui souvent décident à acheter des vins, ou qui limitent ou étendent ces achats. Et sans parler de la hausse et de la baisse, ou d'une consommation plus ou moins forte, le spéculateur peut acheter suivant les apparences de la vigne, ou suivant la qualité présumée des vins futurs, suivant la faveur des prix, ou les moyens d'écoulement que l'on prévoit.

Ces achats faits, il faut savoir les conserver ; en voici les principaux moyens :

1° Loger les vins dans des futailles, pièces ou tonneaux bien conditionnés, et surtout exempts de mauvais goûts, autrement ceux-ci s'identifient bientôt aux liquides. Les vases neufs, qui généralement sont inodores et propres, conviennent donc mieux que les vieux au logement des vins.

2° Faire voiturer ou transporter les vins pendant une température modérée, mais jamais dans les grandes chaleurs ou par de fortes gelées. Les chaleurs excessives font fermenter les vins, et cette fermentation les conduit à se détériorer. Les fortes gelées peuvent décomposer les vins, ou du moins les affaiblir et leur enlever la vertu qui les conserve.

3° Faire choix d'une bonne cave : 1° L'exposition d'une cave doit être au nord, sa température est alors moins variable que lorsque les ouvertures sont tournées vers le midi ; 2° elle doit être assez peu profond e et assez peu ventilée pour que la température soit toujours la même ; 3° l'humidité doit y être constante, sans y être trop forte : l'excès détermine la moisissure des tonneaux ; la sécheresse dessèche les futailles et fait transsuder le vin ; 4° la lumière doit être très-modérée dans une cave : une lumière vive dessèche ; une obscurité presque absolue pourrit ; 5° la cave doit être à l'abri des secousses et des brusques agitations, même de ces légers mouvements occasionnés par le passage rapide d'une voiture sur le pavé ; il faut éloigner d'une cave les bois verts, les vinaigres et toutes les matières susceptibles de fermentation (ajoutons de mauvaise odeur) ; il faut encore éviter la réverbération du soleil qui, variant nécessairement la température d'une cave, doit en altérer les propriétés.

Une cave doit être creusée d'environ 3 mètres sous terre, ses ouvertures doivent être dirigées vers le nord ; elle sera éloignée des rues, chemins, ateliers, égouts, courants, latrines, bûchers, etc. ; elle sera recouverte par une voûte.

4° Tous les vins, sans exception, doivent être tirés au clair pour les séparer des dépôts qui se forment au fond des tonneaux, dépôt qu'on appelle lie et qui se compose de matières végétales et autres éléments qui ne sont pas identiques au vin. Cette opération se nomme soutirage.

5° Le remplissage des tonneaux ou futailles est une mesure si importante qu'il n'est pas permis de la négliger sans s'exposer à perdre les vins, soit par l'évaporation qui devient considérable, si le non-remplissage a lieu pendant longtemps, soit par l'acidité qui se communique au liquide par le contact de l'air.

QUALITÉS DES VINS. — LEURS DÉFAUTS NATURELS.

Il est facile de dire les bonnes qualités des vins, mais il ne l'est pas toujours de les reconnaître, et encore moins de les trouver constamment réunies dans une même contrée.

En général, on reconnaît un vin pour être de bonne qualité, lorsqu'il est sec, clair, limpide, sans aucun goût de terroir ni autres accidentels, lorsqu'il est d'une couleur franche, nette, assurée sans être trop prononcée, et lorsqu'il a de la force ou du corps, une séve agréable, douce et naturelle.

Ces bonnes qualités ne dépendent pas toujours de la préparation des vins, encore qu'elle soit faite sans altération ni mélanges ; elles tiennent à la nature ou à l'espèce particulière de tels ou tels vignobles, à leur situation, à leur exposition, à la nature du terrain, à la température des pays et surtout à celle de l'année dans laquelle il est récolté. Une vigne plantée dans des terrains marécageux ne donne pas des vins semblables à ceux que produit le vignoble d'un coteau, ou d'un terrain sec et pierreux. Les premiers sont faibles, peu limpides, d'un goût désagréable qui sent son terroir. Les autres, au contraire, sont spiritueux, d'une bonne couleur, transparents et secs ; ils sont susceptibles de se conserver longtemps en leur donnant les soins convenables.

De même, les diverses espèces de plants de vigne produisent des vins très-différents en goût comme en couleur, en qualité comme en quantité. Ces plants, connus sous le nom vulgaire de *visants* en quelques pays, changent de noms en d'autres et s'appellent cépages. Mais ce n'est pas tout : ces plants, ces visants ne s'accommodent pas de tous les terrains ; ceux qui réussissent au Midi dégénèrent ou languissent au Nord. Par exemple, les plants du Médoc, du Bordelais, du Languedoc, transplantés dans le Poitou ou la Bretagne, ne donnent plus des vins aussi spiritueux, ni d'aussi bon goût, ni même en aussi forte quantité, que dans les lieux d'où ils sont natifs.

Mais il est bien d'autres différences dans les qualités des vins, qui sont produites par les terrains. Celles-ci sont connues sous le nom de goût de terroir.

On remarquera d'abord les vignobles plantés dans une mauvaise exposition ou dans des terrains froids, qui produisent en général des vins verts, âcres, qui ont peu de force et sont par conséquent peu susceptibles d'une longue conservation. On remarque ensuite que les terrains sablonneux qui bordent les côtes de la mer, et ceux qui sont fumés par des engrais trop chauds, tels que le sart ou le varech, que l'on emploie dans les îles de Ré, d'Oléron et sur les côtes de l'Aunis, communiquent aux vignobles, c'est-à-dire aux vins qu'ils produisent, un goût désagréable et salé. La qualité de ces vins est toujours inférieure ; ils supportent mal un transport par mer, si on leur fait subir des préparations en les soufrant, ou des mélanges de quelques litres d'esprit-de-vin. Le goût de terroir de ces vins se communique jusqu'à l'eau-de-vie que l'on en distille.

D'autres goûts de terroir sont communiqués les uns par des plantes qui croissent dans les vignobles, les autres par la mauvaise qualité du sol. Ceux-là sont moins prononcés et moins désagréables que ceux qui proviennent du varech et de la poudrette.

Voici des goûts de terroir bien différents. Plusieurs vignobles du Dauphiné et du département de la Gironde, tels que ceux du Médoc et autres, donnent à leurs vins une odeur et un goût fort agréables. Ici c'est la saveur de la framboise, et là c'est le parfum de la violette. De même, certains vignobles des Hautes-Pyrénées et de l'Yonne communiquent à leurs vins une odeur de pierre à fusil qui plaît à un grand nombre de consommateurs. Cependant, si cette odeur ou ce goût est trop fort, il cesse d'être agréable et il peut faire impression sur les nerfs. Mais ce goût, ainsi que ceux de la violette et de la framboise, n'influent nullement sur la qualité des vins ; leur bonté, leur vertu restent les mêmes.

Il existe un signe certain pour distinguer les bons vins, les vins de premiers crus, d'avec les vins ordinaires ou médiocres : ce signe est la vapeur ou séve odorante et parfumée que l'on reconnaît aux vins lorsqu'on en fait la dégustation et qui flatte agréablement l'odorat. Les uns nomme ce parfum arome spiritueux, et les autres simplement bouquet. Quoique presque tous les vins aient leur odeur particulière, il est rare, très-rare que ceux d'une qualité inférieure possèdent ce délicieux bouquet, mais il est tout aussi rare que les vins supérieurs en soient privés. Le bouquet n'existe cependant pas dans les vins aussitôt qu'ils sont sortis de la cuve, il ne se développe qu'après un certain temps plus ou moins long, suivant les localités ou la force, ou la couleur très-prononcée des vins. Mais malheureusement ce bouquet se dissipe et se perd totalement par la grande vieillesse.

Ceux qui font des coupages réparent souvent la perte du bouquet par des préparations artificielles.

Après les goûts de terroir, qui presque tous sont des qualités ou des défauts naturels des vins, voici d'autres défauts de même nature.

Les uns proviennent du peu de spirituosité, dont l'absence se reconnaît au manque de couleur, principalement dans les vins rouges, attendu que la matière colorante n'est pas dissoute ou ne l'est qu'imparfaitement, ou s'est absorbée dans la lie. On reconnaît aussi le défaut des spiritueux, soit par le goût du vin qui est froid, plat, sans séve prononcée, soit par un instrument que l'on nomme pèse-vin, dont on se sert principalement pour les vins blancs dans les pays où il ne s'en récolte que peu de rouges, et où l'on destine la majeure partie des autres à la distillation, parce qu'ils sont trop abondants pour la consommation, et qu'il ne s'en exporte que fort peu.

D'autres défauts naturels proviennent de la surabondance des qualités ordinaires exigées dans les vins. Par exemple, la couleur trop forte ou trop foncée des rouges ; la couleur jaune qui obscurcit la clarté et la limpidité des blancs ; l'extrême spirituosité des uns et des autres, qui les rend violents, dangereux et désagréables à boire. Ces différents défauts peuvent se corriger avec les bouquets et la bonification des vins.

L'âpreté et la verdeur sont d'autres défauts naturels que l'on attribue soit au défaut de maturité du raisin, soit à l'essence particulière de certaines vignes. Il est deux remèdes contre ces vices. Le premier est le temps qui peut les améliorer, le second est un mélange des vins âpres ou verts avec des vins vieux de bon goût. Plusieurs marchands ajoutent au mélange quelques litres de bonne eau-de-vie, dans laquelle on met 1 litre de sirop de raisin par hectolitre.

Enfin, la graisse, qui est un vice particulier aux vins blancs, est attribuée à différentes causes.

Tous les vins sont caractérisés par une odeur particulière plus ou moins marquée, et qui est produite par une matière huileuse dite *huile essentielle des vins*. On obtient cette huile à la distillation de grandes quantités de vin ou de lie de vin, vers la fin de l'opération.

Cette huile a une saveur forte ; le plus souvent elle est incolore, mais quelquefois légèrement colorée en vert par l'oxyde de cuivre des appareils. C'est une combinaison d'un acide particulier, analogue aux acides gras, avec l'éther ordinaire.

DÉFAUTS ACCIDENTELS DES VINS.

Les défauts accidentels sont ceux que produisent la négligence, la maladresse, le défaut de soins, les mauvaises futailles, la fraude ou falsification, etc.

Le goût d'aigre dans les tonneaux provient de ce qu'ils n'ont été que peu ou point nettoyés, lavés ou rincés, après que le vin en a été sorti, ou de ce qu'ils n'ont pas été hermétiquement fermés par la bonde pendant plusieurs mois, ou de ce qu'ils ont été laissés dans des lieux très-humides. Presque tous les marchands de vin, et même beaucoup de propriétaires, ont l'habitude de soufrer leurs tonneaux lorsqu'ils veulent les laisser en vidange.

Les mauvais goûts de tonneaux se communiquent rapidement aux vins, parce que ceux-ci sont susceptibles de s'identifier avec tous les goûts et les odeurs.

Le principe de la fermentation acétique se manifeste par une fleur ou écume blanche, qui se répand sur la surface du vin lorsque le vase n'est pas habituellement rempli. Cet indice annonce presque toujours la présence de l'acidité.

Du goût d'aigre, passons à celui du fût. Il est produit par des tonneaux mal soignés, mal nettoyés, ou laissés ouverts par la bonde, ou mal fermés. Il est encore produit par des douves qui ne sont pas d'un bois sain. On reconnaît facilement le goût de fût par le simple odorat, en aspirant par la bonde du tonneau l'air intérieur. Il n'est pas facile de bonifier un tonneau fûté, sans le désassembler entièrement, et sans en gratter les douves et les fonds.

Les vins contractent aussi par les tonneaux un autre goût désagréable, c'est celui de moisi qui est produit par les mêmes causes que ceux de fûté et d'aigre, et comme de ceux-ci, il est difficile d'en purger les vins. Le tonneau infecté de moisi n'est le plus souvent bon qu'à brûler, à moins qu'on ne puisse reconnaître toutes les douves viciées en tout ou en partie, et les remplacer par des douves neuves et saines.

Un quatrième goût fort désagréable se communique aux vins par une opération qui tend cependant à les bonifier. C'est en les collant avec des blancs d'œufs qui ont été mal choisis ; un seul œuf gâté ou corrompu suffit pour infecter une barrique de vin. Ainsi, ceux qui adoptent ce collage ne peuvent trop apporter d'attention à choisir les œufs. De même, le collage par le lait et la crème est capable de donner un goût d'aigre, si l'opération est mal faite et si les vins subissent dans la suite une nouvelle fermentation par la chaleur ou la gelée.

Cette seconde fermentation produit encore d'autres effets fâcheux, elle décolore les vins par l'évaporation qu'elle produit de la substance colorante : les rouges prennent une teinte presque noire, et les blancs jaunissent. Il n'est pas rare de voir les chaleurs ou les gelées produire ces altérations de couleurs, et même influer sur la qualité des vins, en leur donnant le goût d'échauffé. Il y a un moyen simple d'arrêter la fermentation produite par la chaleur, c'est de tirer promptement un ou deux litres de vin, et d'ouvrir ensuite pendant quelques instants la bonde du tonneau, pour en laisser échapper le calorique. On replace ensuite le bondon, mais légèrement sans le frapper ; et on remplit la futaille dès que la fermentation est calmée.

Si ce remplissage était longtemps différé, le vin pourrait contracter soit le goût d'aigre dont j'ai déjà parlé, soit celui d'évent qui est produit par le contact de l'air extérieur, et qui fait évaporer les parties spiritueuses en affaiblissant le vin. Au reste, le remplissage, dans tous les cas, est un moyen de conservation des vins.

Je donne les moyens de corriger, autant qu'il est possible, les goûts d'aigre, de fût, de moisi, d'œufs gâtés, d'échauffé, d'évent et autres que je me borne à signaler.

SOINS A APPORTER AUX FUTAILLES.

On emploie les infusions de fleurs et de feuilles de pêcher... En Bourgogne, on met le vin nouveau dans des tonneaux neufs. On les lave avec de l'eau chaude et des feuilles de pêcher. Cette méthode a l'avantage d'imbiber le tonneau et de donner un bon goût. Il sera nécessaire et utile pour tous les vins que l'on voudra conserver de les soutirer tous les six mois.

Les feuilles de pêcher doivent être mises dans l'eau avant de la faire chauffer, afin qu'elles puissent y déposer leur suc.

S'agit-il au contraire de remplir des futailles qui ne sont pas neuves? on doit s'empresser de reconnaître si elles sont bien conservées, de bon goût et en état, tant à l'extérieur qu'à l'intérieur, de loger le vin. Si elles sont telles, il suffit d'y verser deux seaux d'eau froide, de les laver une ou deux fois, de les agiter en tous sens, de laisser couler l'eau et égoutter les futailles. Cependant, si elles n'avaient pas servi depuis plusieurs mois, si elles avaient une odeur de sec ou de poussière, il conviendrait de les rincer avec de l'eau en ébullition, dans laquelle on aurait fait infuser une poignée de chaux vive pour chaque futaille; et après l'avoir roulée en tous sens, on laisserait reposer l'eau intérieurement sur chaque fond pendant deux minutes, ensuite on la laisserait couler jusqu'à la dernière goutte.

Mais on ne s'en tient pas là lorsque l'odorat rapporte un goût de gravelle peu agréable : il faut alors visiter le tonneau intérieurement, ce qui se fait sans l'ouvrir, en y introduisant une chandelle ou une partie de chandelle allumée, et en regardant par la bonde. Si la gravelle paraît saine, blanche et sèche, on présume que le tonneau est sans mauvais goût. Plusieurs se servent, pour cette opération, d'un instrument nommé *visiteur*, qui est disposé à son extrémité inférieure à recevoir une chandelle, et qui est terminé, à l'autre extrémité, par un anneau servant à descendre et retirer la chandelle. Ceux qui n'ont point de visiteur, ou ne peuvent s'en procurer à l'instant, attachent simplement la chandelle avec un fil de laiton, et la descendent ainsi dans le tonneau, d'où ils la retirent facilement lorsqu'ils l'ont visité.

Si la gravelle est noire et paraît gâtée, ou seulement recouverte d'une substance étrangère, on ouvre le tonneau par un bout, et on le nettoie avec une espèce de grattoir, ou même avec un fort balai de bouleau. En général, dans tous les tonneaux qui ont servi, on devra faire brûler une mèche soufrée; bonder hermétiquement pour les conserver.

PROPRIÉTÉS DES ALCOOLS ET DES EAUX-DE-VIE.

Les substances principales sur lesquelles le liquoriste exerce son industrie sont l'alcool et le sucre. A ces deux substances il unit ou combine ensuite une foule de matières sapides, odorantes, toniques, diffusibles, etc., qui lui servent à composer des formules et où, en faisant varier ces divers ingrédients, il fabrique une foule de boissons ou de liqueurs propres à flatter le goût et l'odorat des consommateurs.

L'alcool constitue la partie essentielle de toutes les liqueurs fermentées, et c'est à ce principe qu'elles doivent leur vinosité et leur action stimulante. En étudiant les conditions théoriques de la fermentation vineuse, on reconnaît que le sucre est le seul agent nécessaire à la formation de l'alcool, les autres, quoique indispensables, ne sont que les auxiliaires de sa décomposition.

Tous les fruits qui contiennent du sucre au nombre de leurs éléments peuvent produire de l'alcool. Les seules conditions à observer, c'est de mettre le principe sucré en liberté, de l'étendre, s'il y a lieu, dans une quantité d'eau suffisante pour amener le liquide à une densité de 5 à 6 degrés, et d'abandonner le tout à la fermentation à une température de 20 à 25 degrés. Parmi tous les fruits sucrés, le raisin est, sans contredit, le plus favorisé pour la production de l'alcool.

Quoique d'un arome supérieur à celui de toutes les autres liqueurs fermentées, l'alcool de vin n'est plus aujourd'hui le seul qu'on trouve dans le commerce. Depuis que ce produit a trouvé de nouvelles et importantes applications dans les arts industriels et chimiques, on l'extrait manufacturièrement de différentes substances saccharines, autrefois peu connues ou négligées. Les plus avantageusement employées sont les betteraves, les topinambours, les grains, le riz, les sirops de fécule ou glucose, enfin les mélasses de betterave.

L'alcool absolu est un produit que ne donnent jamais les procédés industriels. Obtenu au maximum de concentration, l'alcool des arts contient encore 5 à 6 centièmes d'eau, que l'on ne peut en éliminer que par le concours d'agents chimiques ayant une grande affinité pour ce liquide, et susceptibles de le retenir à une température supérieure à celle de l'ébullition de l'alcool pur.

L'alcool est un liquide incolore, transparent, d'une odeur agréable, d'une saveur chaude et brûlante ; il agit comme poison sur l'économie animale; mais étendu d'eau, à l'état d'*eau-de-vie*, il est un stimulant précieux.

L'alcool absolu se combine avec l'eau en toutes proportions ; son affinité pour ce liquide est telle, que lorsqu'il est exposé à l'action de l'air, il en attire promptement l'humidité. A raison de cette propriété, on doit toujours conserver l'alcool dans des vases hermétiquement bouchés.

L'alcool chimiquement pur est composé de :

Carbone	52.65
Hydrogène	12.90
Oxygène	34.45
	100.00

L'alcool du commerce est toujours mélangé de proportions plus ou moins considérables d'eau ; on détermine facilement son titre réel au moyen d'un alcoomètre. En opérant à la température de + 15 degrés, cet instrument indique les centièmes en volume d'alcool pur contenu dans des mélanges d'alcool et d'eau. Ainsi, un alcool qui marque 85 degrés à cet instrument, contient 85 pour 100 d'alcool absolu.

L'alcool de vin s'emploie principalement pour la préparation des liqueurs fines et pour l'alcoolisation des vins peu spiritueux. L'alcool de mélasse de betterave bien épuré a sensiblement les mêmes propriétés que l'alcool de vin, et peut le remplacer dans ses diverses applications.

L'alcool à des températures basses n'éprouve pas d'altération au contact de l'air ; mais il absorbe l'humidité que celui-ci renferme et s'affaiblit peu à peu. A une température élevée (100 à 120° C.), il éprouve une combustion lente qui le transforme en acide acétique.

L'alcool a une très-grande affinité pour l'eau, et il se dégage un peu de chaleur quand on le mélange à ce liquide. Il y a au contraire production de froid quand on le mêle avec de la neige ou de la glace.

En mêlant l'alcool avec de l'eau, il y a une contraction qui augmente peu à peu jusqu'à ce que le mélange se trouve composé de 100 parties d'alcool et 116,23 parties d'eau. A partir de ce point, la contraction produite par de nouvelles additions d'eau devient de plus en plus faible et se change même en une dilatation apparente. La contraction absolue de l'alcool diminue avec la température.

La volatilité ainsi que la dilatation de l'alcool par la chaleur diminuent quand on le mélange avec l'eau. L'alcool aqueux, quand on le distille, est toujours plus riche que celui qui reste dans le vase distillatoire, et la température à laquelle la liqueur bout s'élève peu à peu.

Indépendamment des fruits, la séve de plusieurs

arbres peut donner des liqueurs spiritueuses. En Allemagne, en Pologne, et dans une partie de la Russie, dès que les chaleurs commencent à imprimer le mouvement à la séve du bouleau, on y fait, avec une vrille, un trou de 50 à 80 centimètres de profondeur; on y introduit une paille, et l'on reçoit dans un vase le suc clair et sucré qui en découle, et qui donne une excellente eau-de-vie après sa fermentation.

Les Indiens de la côte de Coromandel fabriquent leur *calon* avec la séve du cocotier ; les sauvages de l'Amérique préparent leur *chica* avec le suc du maïs ; les nègres du Congo composent leur boisson avec la séve du palmier. Il n'est pas douteux que la séve de tous les arbres, lorsqu'elle est douce et sucrée, ne puisse donner de l'eau-de-vie.

EAU-DE-VIE AYANT CONTRACTÉ LE GOUT DE MOISI.

Transvaser l'eau-de-vie dans un fût bien propre et bien sain ; ensuite, pour chaque hectolitre d'eau-de-vie, on emploiera 500 grammes de charbon végétal, en poudre très-fine.

On aura soin de dissoudre le charbon dans un litre d'eau-de-vie; on obtiendra ainsi un liquide noir comme de l'encre, que l'on introduira dans le tonneau à désinfecter, en ayant soin d'agiter le mélange et de rouler la futaille, afin que le charbon se divise et se répartisse dans toute la masse du liquide. On renouvellera cette agitation plusieurs fois pendant deux ou trois jours, et enfin, pour précipiter le charbon et clarifier l'eau-de-vie, on collera avec la pulvérine d'Appert, ou par la gélatine Lainé.

Au bout de peu de temps, l'eau-de-vie aura acquis une grande limpidité et se trouvera débarrassée de l'odeur et du goût de moisi.

Il ne restera plus qu'à la soutirer au clair fin dans un fût en bon état.

Les transvasements et le collage, ainsi que le charbon, affaiblissent toujours un peu les liquides. Pour restituer à l'eau-de-vie dont il s'agit du corps et de la plénitude et pour le mûrir, on pourra employer un peu de brandygène.

Si l'on exécute avec soin le traitement facile et sans dépense indiqué, l'eau-de-vie infectée aura acquis toutes les qualités de sa nature et constituera un produit loyal et marchand.

ASSAINISSEMENT DES FUTS AYANT CONTENU DU VINAIGRE.

Les fûts qui ont contenu du vinaigre sont imprégnés d'acide acétique qui pénètre parfois jusqu'au cœur du bois.

Mais l'acide acétique ayant beaucoup d'affinité pour les bases salifiables, il est facile de le saturer à peu de frais.

Il faut d'abord bien rincer les fûts à l'eau chaude avant toute préparation, afin d'enlever le vinaigre adhérent aux parois intérieures.

Ensuite, pour un quart à vinaigre, dont la capacité est d'un hectolitre, on prendra 500 grammes de sous-carbonate de soude (cristaux de soude du commerce). On fera dissoudre les cristaux dans 2 litres d'eau bouillante, et, après dissolution opérée, on versera ce liquide dans le tonneau à assainir. Il faut agiter et rouler le fût dans tous les sens, afin d'imprégner toutes les surfaces intérieures de la solution de soude. On renouvellera plusieurs fois cette manœuvre pendant vingt-quatre heures.

En raison de son affinité pour l'acide acétique, la soude, obéissant aux lois de l'endosmose, passera dans le bois du fût et saturera l'acide du vinaigre qu'elle rencontrera. Il y aura formation d'acétate de soude.

L'acétate de soude est très-soluble dans l'eau, mais plus facilement à chaud qu'à froid. C'est pourquoi on devra verser quelques litres d'eau bouillante dans le tonneau pour le débarrasser de l'acétate de soude. Pour que cette opération soit complète, il est préférable de faire deux lavages à l'eau chaude, en ayant soin de bien rouler le fût et d'y laisser séjourner l'eau pendant quelques heures ; un dernier lavage à l'eau froide terminera l'assainissement.

Pour la bonne conservation du fût assaini, il suffira de le laisser égoutter, sécher intérieurement, d'y brûler un bout de mèche et de le bien boucher.

DÉSINFECTION PERMANENTE DES EAUX DE CITERNE.

Les citernes sont ordinairement alimentées par les eaux de pluie. Les eaux pluviales, en s'écoulant sur la toiture des bâtiments, entraînent des poussières, des ordures, des débris d'insectes et une foule de matières organiques.

Les matières organiques, entraînées dans la citerne, s'y accumulent insensiblement, finissent par entrer en fermentation et se décomposent, surtout pendant les chaleurs de l'été.

La décomposition des matières organiques dégage d'une manière continue, pendant tout le temps que dure cette fermentation, des gaz odorants et infects. Ces gaz putrides communiquent à l'eau de la citerne une mauvaise odeur et un goût désagréable.

Non-seulement l'eau ainsi infectée répugne au goût et à l'odorat, mais encore elle est malsaine, et son emploi comme boisson peut occasionner des maladies graves. Il est de la plus haute importance, au point de vue de l'hygiène, de désinfecter les citernes dans lesquelles l'eau s'altère en été.

Il existe plusieurs sortes d'agents de désinfection ; mais, lorsqu'il s'agit de désinfecter l'eau destinée à la boisson de l'homme et des animaux domestiques, on doit être très-sévère dans le choix des moyens, ne jamais introduire dans l'eau des substances de nature à changer sa composition et à l'altérer. Il faut laisser à l'eau du ciel toute sa pureté.

Si cette pureté a été altérée dans la citerne, on doit chercher à lui rendre toutes ses qualités hygiéniques au moyen d'agents entièrement inoffensifs.

Le dégagement des gaz et l'infection se produisant sans interruption, le moyen de désinfection doit être continu et permanent, de manière à les neutraliser au fur et à mesure de leur production.

Sans attendre que l'eau ait éprouvé un commencement d'altération, il est préférable d'opérer chaque année aussitôt le printemps.

Quoi qu'il en soit, il est toujours possible de remédier au mal, alors même qu'il a pris une grande intensité.

Voici un moyen de préservation et de désinfection permanente économique, d'une exécution aussi facile que son effet est rapide et certain.

Le charbon de bois bien calciné possède au plus haut degré la faculté de hâter la décomposition des matières organiques et d'absorber les gaz qu'engendre cette décomposition.

Pour désinfecter l'eau de la citerne d'une manière continue et durable, il faut jeter dans la citerne une quantité de charbon de bois en poudre grossière, mais en quantité suffisante pour couvrir toute la superficie du fond de la citerne d'une couche de poudre noire.

Cette poudre sera d'autant plus efficace que la couche sera plus haute. Il ne faut pas craindre d'en mettre trop. Une couche de 2 à 5 centimètres de poudre sera suffisante.

On peut employer à cet usage le poussier qui se trouve à bas prix chez tous les marchands de charbon de bois.

Si l'on ne trouvait pas de poussier, il faudrait pulvériser grossièrement du charbon. Bien que le charbon de chêne soit réputé le meilleur, on peut se servir indistinctement du charbon de toute espèce de bois.

Après avoir jeté la poudre de charbon dans la citerne, on doit agiter vigoureusement, afin de la bien répandre dans toute la citerne et de la répartir uniformément dans la masse.

Ensuite, on ajoutera du charbon de bois en morceaux d'un volume variant de la grosseur d'une noisette jusqu'à celle d'une noix ou d'un œuf de poule.

La braise de boulanger en nature convient parfaitement pour cet usage.

Lorsque le charbon en poudre s'est précipité, l'eau a perdu sa mauvaise odeur et recouvré toutes ses qualités ; elle est devenue sans odeur, sans goût, limpide et propre à servir aux usages de la boisson de l'homme.

La faculté épurante du charbon s'épuise à la longue. Lorsqu'on s'aperçoit de cet effet, il suffit de nettoyer la citerne, d'enlever le charbon épuisé et de le remplacer par du charbon neuf.

CUVAGE DU VIN.

Si le bon raisin fait le bon vin, il faut bien reconnaître aussi que les soins que l'on donne à la fabrication de cette utile boisson sont pour beaucoup dans sa qualité et sa conservation. Je récolte des raisins comme mes voisins, néanmoins mon vin est toujours infiniment meilleur et de conserve, tandis que le leur, moins franc de goût, *tourne* dans les mauvaises années. Je ne puis attribuer cette différence qu'aux moyens que j'emploie pour le cuvage, que je crois utile de faire connaître à mes confrères. Voici comment j'opère :

Je fais égrapper le raisin et remplir la cuve jusqu'à ce que le moût arrive à 30 centimètres environ du bord ou plus si l'on n'a pas suffisamment de vendange. Je fais soutirer ensuite une quantité de jus équivalant environ à 30 centimètres de hauteur dans la cuve, ce qui fait un vide d'environ 60 centimètres ; cela fait, on pose sur le moût une grille en fer dont les mailles sont écartées d'environ 2 centimètres ; cette grille me sert depuis plusieurs années et pourra encore servir longtemps. Sur la grille on pose un croisillon, que l'on maintient *par-dessus* au moyen de quatre taquets cloués contre les douelles de la cuve ; ce croisillon porte au milieu une mortaise dans laquelle on fait entrer une barre de fer qui vient s'arc-bouter contre le plafond du cellier. Cette installation est très-simple et demande moins de temps à établir qu'à expliquer. Une fois bien faite, on verse sur la grille le jus que l'on avait tiré d'abord, de manière à placer le moût entre deux lits de jus. Après douze à dix-huit heures, selon que la température est plus ou moins chaude, la fermentation s'établit, et le moût ne tarde pas à se couvrir d'une couche de lie plus ou moins sale. On enlève cette couche de saletés avec soin, et on la donne aux cochons, qui s'en montrent très-friands ; ensuite on place sur la cuve un couvercle fermant le plus hermétiquement possible, sans que cependant il soit luté. Bientôt l'espace existant entre le couvercle et le moût se remplit d'acide carbonique, qui se dégage lentement en interceptant toute espèce de communication avec l'air libre, et, par conséquent, en empêchant la formation de l'acide acétique, si sensible au vin ; de plus, il ne peut se faire aucun dégagement d'huile volatile et le vin conserve tout son parfum.

J'emploie cette méthode depuis plusieurs années, et mon vin vaut toujours dix francs de plus que celui de mes voisins, qui font cuver à l'air libre. J'ai de plus l'avantage de pouvoir le conserver sans craindre qu'il se pique.

Pour le transvasement de la cuve dans les tonneaux, j'emploie un tuyau en caoutchouc, garni d'un côté d'un raccord qui se visse au robinet de la cuve, et de l'autre un robinet droit qui se place dans la bonde du tonneau qu'il ferme hermétiquement. De cette manière, il n'y a pas de déperdition d'arome et l'opération se fait avec économie, promptitude et propreté. J.-F. R.

PRODUIT DES CONTRIBUTIONS INDIRECTES EN 1865.

Le produit des impôts établis sur les boissons a atteint en 1865 le chiffre de 224 millions, dépassant ainsi de 4,850,000 francs les évaluations budgétaires et de 6,400,000 francs les résultats de 1864.

A lui seul, le droit de circulation offre un avantage de plus d'un million de francs. D'un autre côté, dans les grandes villes, et surtout à Paris, il y a une augmentation notable sur les quantités de vins frappés par l'impôt. Enfin, le produit du droit de fabrication des bières est aussi en progression. Quant à nos exportations de vins, elles ont atteint la progression naturelle relative à la quantité.

Pour les eaux-de-vie et les liqueurs, la situation est toujours en progrès, quant à la quantité exportée. Pour ne prendre qu'un exemple, nous avons fait passer en Angleterre, dans les dix premiers mois de 1865, 89,716 hectolitres, représentant une valeur de 28,283,000 francs, tandis qu'en 1864, pendant la même période de temps, nous n'avons exporté que 81,570 hectolitres.

DÉSINFECTION DES FUTAILLES.

Quelle que soit la cause de l'infection des tonneaux et des futailles, il est facile de les débarrasser de toute mauvaise odeur et à peu de frais.

La moisissure qui infecte profondément le bois des futailles, le goût d'évent et l'odeur de la lie putréfiée ne résistent pas au traitement ci-dessous indiqué. Il en est de même des pipes qui ont contenu des flegmes de betterave et de l'alcool de mauvais goût.

On verse dans le tonneau qu'on veut désinfecter et par l'ouverture de la bonde :

1° Sel de cuisine, 30 grammes ;

2° Peroxyde de manganèse en poudre, 30 grammes ;

3° Acide sulfurique concentré, 50 grammes ;

4° Un litre d'eau bouillante par-dessus.

On ferme avec la bonde, qu'il faut assujettir fortement. On agite un peu, et on laisse la futaille en repos.

Ces quantités suffisent pour un tonneau de 100 à 220 litres ; si le tonneau est plus grand, il faut augmenter proportionnellement la quantité des agents désinfectants.

On laisse agir ces diverses substances pendant trois heures. Après ce temps, on ouvre la bonde du tonneau et l'on rince à plusieurs reprises avec de l'eau froide jusqu'à ce qu'elle sorte claire et sans aucune odeur.

Il est rare que le mauvais goût ou la mauvaise odeur des futailles résiste à ce traitement ; cependant, si le mauvais goût persistait encore, il faudrait renouveler l'opération de la même manière, et après cette seconde désinfection toute mauvaise odeur a complétement disparu. Il est essentiel de bien faire le lavage à l'eau froide.

REMPLISSAGE DES VINS QUI SOUVENT SONT CHARGÉS DE FLEURS.

L'apparition des fleurs sur du vin n'est pas toujours un symptôme d'acescence complète. Il est possible, probable que la première couche du liquide est dans ce cas seule acidifiée, mais en soutirant on courrait risque de mêler aux parties saines la partie gâtée, et on compromettrait le tout.

Voici comment il faut opérer :

On introduit dans le vin portant fleurs un tube en fer-blanc qu'on maintient enfoncé à 10 centimètres tout au plus et dont on ferme avec le pouce l'orifice supérieur. On placera dans ce bout du tube un entonnoir dans lequel on versera du vin au moins de même qualité. Ce vin passant ainsi dans les couches secondaires du fût fera monter celle qui porte la fleur, qu'on verra bientôt s'échapper par la bonde avec la partie du vin altérée. Si par suite un léger goût restait attaché au bois du fût, un léger mélange ou un soutirage en aurait facilement raison.

NOUVELLE MÉTHODE DE TAILLE FRUCTUEUSE DE LA VIGNE.

Un vigneron de Lecco (Lombardie), César Pozzoli, dans une lettre qu'il adresse au *Journal d'Agriculture* de Bologne, s'exprime ainsi :

« Pour moi, il n'y a jamais d'années mauvaises; je fais toujours une récolte extraordinaire à raison de 50 à 60 hectolitres de vin par hectare dans les années maigres, et de 70 à 80 hectolitres dans les bonnes.

« Où est le secret? Je vais vous le dire.

« Le secret de cette récolte extraordinaire consiste dans l'application d'un procédé physico-végétal très-simple, à savoir : obtenir la maturité des bourgeons qui doivent fructifier l'année suivante, en taillant la vigne lorsqu'on vendange. Je vais mieux m'expliquer.

« Au fur et à mesure qu'on vendange, deux hommes ou davantage suivent les vendangeurs et élaguent toutes les branches superflues de la vigne, ne laissant que celles destinées à fructifier l'année suivante.

« En exécutant cette opération, on doit bien faire attention non-seulement à ne pas gâter les feuilles des branches qu'on laisse, mais encore à ne point les secouer. Il s'ensuit que, pendant tout le mois d'octobre, les sucs de la plante opèrent en faveur de la fructification future, et lorsque les premières gelées arrivent, les bourgeons, étant mûrs, n'en souffrent point, et la branche ne se dessèche pas à l'extrémité.

« Les autres opérations pourront se faire ensuite avec commodité pendant l'hiver. »

UTILITÉ DU GLUCOMÈTRE.

Le glucomètre est un instrument à l'aide duquel on peut déterminer la pesanteur spécifique des moûts, c'est une sorte d'aréomètre (petit tube en verre avec

16 degrés commençant à 0), mais fonctionnant d'après des principes opposés.

La densité varie suivant les cépages, les expositions et les conditions climatériques qui ont favorisé ou retardé la vendange ; mais elle est toujours en raison de la richesse saccharine. Le glucomètre est donc un indicateur précieux qu'un viticulteur soigneux de sa récolte doit toujours consulter.

Mais, pour déterminer la quantité réelle de sucre qui fait défaut, il faut connaître la force alcoolique du vin d'année ordinaire, fait avec des raisins du même cépage que celui qu'on veut traiter; or, on s'en rend compte au moyen d'un pèse-vin qu'il suffit de plonger dans ce vin à une température ordinaire.

Supposons un vin pesant habituellement 7 degrés, et opérons sur le moût de la nouvelle vendange : aussitôt que le raisin est foulé, et avant que la fermentation commence, on filtre à travers un linge trois ou quatre litres de jus, on y plonge l'instrument, qu'on abandonne à lui-même. Bientôt on le voit s'équilibrer et enfoncer dans le liquide ; le degré indiqué par le niveau de la liqueur est celui de la densité du moût. De sorte que si le glucomètre ne marque que 5, c'est deux degrés qu'il faut obtenir pour arriver à faire du vin de la force des bonnes années. On introduit alors dans la vendange du sirop de sucre fondu dans moitié de son poids de jus; on mêle avec soin, puis on laisse la fermentation prendre son cours.

En général, un kilogramme de sirop par hectolitre de moût donne un degré de plus au glucomètre ; il y aurait de l'imprudence à dépasser cette proportion, surtout pour les petits vins dépourvus de corps et de vinosité.

NOUVEAU CUVAGE PRÉVENTIF D'ASPHYXIE LE PLUS AVANTAGEUX POUR LA BONNE CONFECTION DU VIN.

Lorsque la vendange est terminée, on foule le raisin deux ou trois jours après, de telle sorte que le marc baigne entièrement dans le moût. On immerge ensuite horizontalement dans le fût un fond percé de trous espacés de 8 à 10 centimètres. Il faut arrêter ce fond de telle manière que le marc, par la force de la fermentation, ne puisse le soulever. En haut de la cuve, on ajuste un autre fond (ou couvercle) bien *jointé* et fermant aussi hermétiquement que possible. On peut garnir les interstices avec du plâtre, du ciment ou même de la terre glaise. Au milieu du couvercle on adapte un tube en fer-blanc, recourbé, dont l'extrémité doit plonger dans un baquet que l'on tient soigneusement plein d'eau. Ce tuyau, de 3 à 4 centimètres de diamètre, sert de dégagement au gaz de la cuve. On abandonne dès lors à elle-même la fermentation, qui se fait plus fortement que par le procédé ordinaire. Comme le vin n'est pas en contact avec l'atmosphère, et qu'il n'y a point de déperdition de gaz spiritueux, il est plus alcoolique, plus coloré, et par conséquent acquiert une qualité supérieure. Bien plus, il y a peu de différence de qualité entre le vin clair et le vin pressé. En outre, le vin ne s'aigrit jamais dans la cuve; on peut le laisser plusieurs mois dans le vase sans qu'il se détériore. Il résulte donc de ce système très-simple et peu dispendieux trois avantages éminents et incontestables que je résume ainsi : plus de danger d'asphyxie, plus de vin acide, plus de souci ni de travail pour le foulage.

Il est possible que ce procédé soit connu dans certaines localités, mais il n'est pas assez vulgarisé ; témoin, les malheurs qui affligent chaque année de trop nombreuses familles.

L'expérience que j'ai vu faire moi-même de cette méthode de cuvage me donne la conviction que tout vigneron qui l'adoptera s'en trouvera parfaitement satisfait sous tous les rapports.

MOYEN DE FAIRE LA COLLE DE POISSON,

LA GÉLATINE ET L'ALBUMINE, POUR LE COLLAGE DES SPIRITUEUX.

Le collage est une des conditions essentielles pour rendre les liqueurs agréables et leur donner la limpidité voulue, principalement pour celles chargées de matières colorantes ou résineuses. Cependant, le fabricant peut se dispenser de cette opération, s'il le juge convenable ; dans ce cas, il aura soin de bien soigner le filtrage.

L'albumine, la gélatine et la colle de poisson conviennent de préférence pour le collage des liqueurs ; la première s'applique aux liqueurs résineuses, ou qui ont une teinte laiteuse et troublée ; la seconde convient aux liqueurs blanches et faibles en alcool, et la troisième pour celles fortement spiritueuses.

L'albumine se prépare de la manière suivante : — Prendre un blanc d'œuf assez gros, le fouetter avec un petit balai de brins d'osier, dans un litre d'eau, verser le tout dans la liqueur, battre fortement, et laisser reposer vingt-quatre ou quarante-huit heures.

Le collage à la gélatine se prépare en faisant fondre 30 grammes de celle-ci dans un litre d'eau que l'on fera chauffer ; verser l'ensemble dans la liqueur, battre fortement et laisser reposer cinq ou six jours au moins.

La colle de poisson se dispose ainsi : — Faire dissoudre dans une petite quantité de vin blanc, ou d'eau légèrement vinaigrée, 10 grammes environ de colle de poisson ; fouetter de temps en temps, en ajoutant un peu de vin blanc ou de la même eau, de manière à former environ un litre de colle ; après dissolution complète, verser le tout dans la liqueur, et battre pendant dix minutes ; laisser reposer plusieurs jours.

Toutes ces doses de collage étant destinées pour 1 hectolitre de liqueur, on en prendra la dixième partie (10 centièmes) pour 10 litres seulement, et on conservera le reste.

MOYEN EXPÉDITIF POUR NETTOYER LES BOUTEILLES LES PLUS ENCRASSÉES.

Le procédé que je vais indiquer peut être très-utile aux marchands de vin, au point de vue surtout de l'économie du temps. Chacun sait que lorsque le long séjour d'un vin coloré dans les bouteilles les a garnies d'une couche plus ou moins épaisse de tartre en forme de dépôt, il est fort difficile de les nettoyer par les moyens ordinaires, à savoir : la chaînette et le plomb, même lorsqu'on les a laissées tremper dans l'eau pendant plusieurs heures.

Voici une recette beaucoup plus expéditive :

Faire dissoudre dans 10 litres d'eau chaude 1 kilogramme de cristaux de soude (coût, 60 c.), introduire un demi-verre de cette dissolution chaude dans la bouteille, la nettoyer et secouer. En un instant le tartre est dissous, et la couleur rouge est devenue noire.

INFUSION DES CASSIS DE DIJON

POUR LIQUEUR EXTRAFINE.

Apporter un grand soin dans le choix du fruit, le bien égrapper, ne prendre que les grains bien mûrs et rejeter tous ceux qui seraient verts ou pourris. Si l'on tient plus au parfum qu'à la couleur, on n'écrasera pas le fruit pour l'infusion.

On place les grains de cassis dans un vaisseau bien propre et l'on verse par-dessus de l'alcool à 85 degrés, bon goût. Mettez de l'alcool en quantité suffisante pour bien mouiller le fruit. On laisse la macération s'opérer pendant trois ou quatre semaines.

L'odeur du cassis est très-forte et son infusion est beaucoup plus agréable, son parfum plus délicat, si l'on n'écrase pas les fruits. Cette macération doit se faire dans un local tempéré plutôt que dans une cave.

Après trois ou quatre semaines de contact avec le fruit, l'alcool est soutiré. Le liquide obtenu s'appelle infusion vierge. On la réserve pour la liqueur de première qualité.

Mais la première infusion n'a pas enlevé au fruit tous ses principes utiles; il convient de répéter les infusions ou macérations jusqu'à parfait épuisement du cassis.

La deuxième infusion se fait avec de l'alcool à 60 degrés ; on peut alors écraser et fouler le fruit ; la troisième infusion réclame de l'alcool à 50 degrés, et afin de ne rien laisser dans le cassis, on fait une quatrième macération avec du vin rouge de Bourgogne, de bonne qualité ; chacune de ces deux dernières macérations doit durer quinze jours.

Le liquide des dernières infusions sert à préparer des liqueurs de qualités intermédiaires.

Pour donner plus d'arome à l'infusion, on peut y ajouter quelques litres d'infusion de feuilles de cassis. C'est dans la feuille et dans la pellicule du grain que réside le parfum.

CASSIS PAR ESSENCE.

Vin de Rousillon de 16 à 18 degrés.	98 litres.
Eau de rose.	1 id.
Extrait d'essence de cassis.	4 flacons.

CONSERVATION DES SPIRITUEUX ET EAUX-DE-VIE EN FUTS POUR EN EMPÊCHER L'ÉVAPORATION ET LE DÉCHET.

La mauvaise situation faite aux alcools et spiritueux depuis plus d'une année a déterminé beaucoup de fabricants à conserver leurs produits en magasin, dans l'espérance de les livrer à la vente à des époques plus favorables.

La conservation de l'alcool en magasin est dispendieuse en raison de la déperdition naturelle du volume et du degré dans les vaisseaux en bois. En moyenne, le déchet peut être évalué à 6 pour 100 pour le premier mois qui suit l'emplissage, et à 2 pour 100 pour les mois suivants, en supposant que les conditions de logement et d'emmagasinage ne soient pas trop défavorables.

Les Américains savent depuis longtemps atténuer l'effet des grandes pertes d'alcool en revêtant les parois intérieures des tonneaux d'une espèce de vernis qui, sans communiquer aucun goût aux spiritueux, en empêche l'évaporation et le déchet. Ce vernis est essentiellement composé de gélatine.

M. Kuhlmann a indiqué aussi le moyen de communiquer au bois la faculté de conserver l'alcool, sans altération comme sans déperdition, en neutralisant l'effet de la capillarité du bois des futailles.

Le procédé de M. Kuhlmann consiste à enduire l'intérieur des futailles à alcool d'une couche de solution de gélatine, et lorsque la solution appliquée est à demi sèche, on y passe une légère solution aqueuse de tannin. Le tannin s'unit à la gélatine pour former un tannate de gélatine imputrescible et insoluble à l'alcool. On laisse l'enduit se consolider, et, dès qu'il est sec, on peut employer les fûts pour l'alcool.

M. le docteur Dullo fait connaître un procédé analogue, dont voici la description :

On fait dissoudre au bain-marie 500 grammes de déchets de cuir dans un litre d'eau avec addition de 30 grammes d'acide oxalique; on étend la solution d'un litre et demi d'eau chaude et on enduit bien l'intérieur du tonneau.

A mesure que l'enduit sèche, il absorbe l'oxygène

de l'air, brunit et devient tout à fait insoluble dans l'alcool. Il ne se détache pas et bouche très-bien les pores du bois.

La préparation des tonneaux, foudres ou pipes destinés à la conservation des esprits est une opération extrêmement simple, d'une grande facilité d'exécution et d'une dépense insignifiante. Il est de l'intérêt des commerçants d'aviser à l'éloignement de toutes les causes qui absorbent leur marchandise en pure perte et de suivre l'exemple des Américains pour arriver à l'imperméabilité de la futaille.

ÉCONOMIE ET FRAIS DES MAGASINS GÉNÉRAUX DE BERCY.

La *Compagnie anonyme des Magasins généraux de Bercy* emmagasine, sous son propre nom et à des conditions de bon marché exceptionnelles, les Vins et Spiritueux.

Elle fait les *avances de lettres de voiture.*

Elle procure des *avances immédiates de* 50 *p.* 100 environ sur la valeur des marchandises.

Elle se charge de toutes les opérations relatives à la reconnaissance, à la réception, à la vérification, à la manutention et à la livraison ou à la réexpédition des marchandises.

Le haut prix des loyers dans l'intérieur de Paris, les tarifs élevés des gares des chemins de fer et les transports par camionnage grèvent la marchandise outre mesure. La Compagnie des Magasins généraux de Bercy emmagasine à 0,13 *au mois et à l'hectolitre.* Les seuls frais complémentaires sont 0,07 pour le gerbage et autant pour le dégerbage. En outre, *reliée à la tête de ligne du chemin de fer de Lyon et au chemin de fer de Ceinture*, elle reçoit directement les wagons sans transbordement aucun.

De plus, sa situation à la porte de Paris lui permet d'opérer les livraisons par camionnage au même prix que les établissements situés dans l'intérieur.

La vente des marchandises s'opère *soit par les soins du propriétaire ou de ses représentants, soit par l'intermédiaire de courtiers et de commissionnaires.*

NOTA. — Les expéditions doivent être faites à la Compagnie des Magasins généraux de Bercy, prolongement du quai de Bercy, pour M... (*nom du destinataire*), et l'acquit doit être au nom de la Compagnie. — En vertu des circulaires envoyées par les Administrations centrales des Chemins de fer de Lyon, d'Orléans et du Midi, les Magasins généraux de Bercy sont considérés comme gare de réception.

COULEUR POUR LIQUEUR.

(*Toute préparée chez M. Lesant, 22, rue des Blancs-Manteaux, ou M. Souppe, rue Saint-Méry, Paris.*)

COULEUR BLEUE POUR ABSINTHE.

Poudre d'indigo pulvérisé.	20 grammes.
Acide sulfurique à 66 degrés.	200 id.
Une fois la dissolution opérée, on ajoute eau.	5 litres.

Au bout de deux heures on pourra filtrer.

Ensuite, mettez le tout dans une bassine non étamée, que vous chaufferez à 60 degrés, et à cette température vous pourrez plonger dedans plusieurs morceaux de laine blanche; on les y laisse huit heures, on les retire, et on peut mettre en litres, en ayant soin d'alcooliser d'un dixième par litre (cette couleur ne dépose jamais).

COULEUR POUR ABSINTHE SUISSE.

Infusion d'orties fraîches que vous ferez bouillir, et dont vous fixerez la couleur avec 5 grammes d'alun en poudre par chaque litre.

Beau jaune : safran, infusé dans l'eau, avec un peu de caramel.

Jaune pour curaçao et eau-de-vie ordinaires : caramel ordinaire.

Vert : Bleu de la couleur pour absinthe ci-dessus et caramel mélangé.

Rouge pour liqueur ordinaire.

Bois de Fernambouc en poudre.	250	grammes.
Alcool à 90 degrés	1	litre.

Après huit jours d'infusion, filtrez et conservez pour vos besoins.

Rouge pour liqueur fine :

Cochenille noire en poudre.	16	grammes.
Alun de roche en poudre. .	4	id.
Crème de tartre.	4	id.
Eau de puits.	250	id.

Jetez l'eau bouillante sur ces trois produits, filtrez et alcoolisez comme ci-dessus, pour conserver au besoin.

VINAIGRE.

Il y a une foule de procédés et de systèmes de fabrication du vinaigre. Un volume ne suffirait pas à les enregistrer tous. Je me bornerai à rapporter ceux qui sont le plus pratiques et le plus économiques. On fait du vinaigre avec du sucre, du vin, de l'alcool, les mélasses, les sirops, etc., etc. Chaque méthode donne un résultat à peu près identique, et les produits varient peu de qualité ; c'est au fabricant à rechercher le système le plus en rapport avec ses besoins.

LIE DE VIN.

MOYEN D'EN FAIRE DE TRÈS-BON VINAIGRE.

Pour un hectolitre :

Acide acétique bon goût 8 degrés, 4 litres, que vous mélangerez dans 10 litres de lie ; remuez le tout fortement, collez avec quatre œufs en mettant le jaune et le blanc, donnez de l'air le plus qu'il vous sera possible au fût, et, après quinze jours, vous pourrez le soutirer et le décolorer comme ci-dessous.

DÉCOLORATION DES VINAIGRES DE LIE.

Prenez acide sulfurique. . . 50 grammes.
Délayez dans 1 litre d'eau.
Ajoutez : charbon animal. 1 kilog.
Sel gris. . . . . 1 —

Bien mélanger tout cela dans 5 litres de vinaigre. Jetez ensuite le tout dans le fût à décolorer, fouettez fortement pendant dix minutes. Six jours après, si vous ne le trouviez pas assez blanc, recollez-le avec la gélatine Lainé, rue Turenne, 64, Paris (30 centimes pour 1 hectolitre).

VINAIGRE RADICAL OU D'ACIDE ACÉTIQUE.

Acide acétique, bon goût, à 8 degrés. . .	11 litres.
Eau ordinaire.	88 id.
Sirop de raisin.	1 id.
Sel gris, 1 kilog.	——
Total.	100 litres.

Ajouter un flacon arome de vinaigre ; délayez dans un cinquième alcool à 90 degrés.

Colorez avec du caramel et collez à la colle de poisson.

Ce vinaigre revient dans Paris, tous frais payés, de 17 à 18 fr. l'hectolitre. — On peut se procurer l'acide acétique à la fabrique, gare d'Ivry, et chez M. Chevet, rue de la Verrerie, ou chez tout autre négociant de produits chimiques. (Arome de vinaigre, dépôt à l'Office des distillateurs, le flacon pour 1 hectolitre, 2 francs.)

VINAIGRE DE MÉLASSE.

Mélasse commune.	6 kilog.
Eau chaude à 35 degrés.	18 litres.
Levûre de bière ou levain. . .	250 grammes.

Remuez ce mélange et tenez-le à une température de 25 degrés ; la fermentation s'établit, et, quinze à dix-huit jours après, la masse est convertie en vinaigre.

VINAIGRE DE SUCRE.

Sucre.	500 grammes.
Levain	30 id.
Eau.	3 litres 1/2.

La fermentation dure douze jours et le vinaigre est très-fort; filtrez et mettez en bouteilles.

VINAIGRE DE VIN, MÉTHODE ORLÉANAISE.

1° On dispose dans un endroit des tonneaux qui ont une ouverture de 4 à 5 centimètres de diamètre au lieu d'une bonde.

2° On remplit à moitié les futailles avec de bon vinaigre et on ajoute 10 litres de vin à chacune ; huit jours après, on remet encore 10 litres de vin, et ainsi de suite, de huit jours en huit jours, jusqu'à ce que le tonneau soit plein. Si on opère en été par les grandes chaleurs, on pourra mettre 10 litres de vin tous les quatre ou cinq jours. Quand le vin est entièrement acétifié, on soutire la moitié du liquide et on recommence l'opération. On voit que cette méthode est simple et peu dispendieuse ; mais elle a l'inconvénient d'être lente, surtout si on ne chauffe pas l'atelier quand la température est froide ; généralement on devra avoir une chaleur de 20 à 25 degrés.

DÉCOLORATION DES VINAIGRES DE VIN QUI DEVIENNENT NOIRS.

Il y a des vinaigres de vin qui souvent noircissent par le séjour plus ou moins prolongé dans le fût ; cela provient de ce qu'ils ont été logés dans des fûts neufs sans qu'on les ait au préalable lavés à l'eau bouillante et avec du vinaigre chaud, ou encore de ce qu'on les a passés sur des copeaux non suffisamment lavés à neuf. Souvent il arrive que l'on cloue un cerceau ; pour peu que le clou dépasse dans l'intérieur, cela suffit pour faire noircir le vinaigre par la suite. Quand on a de ces vinaigres, on pourra les décolorer à nouveau comme ci-dessous. Pour cent litres :

Lait bouillant. . . . 3 litres.
Poudre décolorante. 150 grammes.

Délayez la poudre décolorante avec un peu de vinaigre, jetez le tout dans le fût et agitez vivement ; agitez tous les jours pendant huit jours, laissez-le reposer dix jours et votre vinaigre sera blanc ; sinon remettez 100 grammes poudre décolorante et filtrez.

VIN DE MURES SAUVAGES.

Prenez des mûres bien mûries, écrasez-les, placez-les dans un tonneau ; ajoutez-y 50 kilogrammes de mûres et 7 kilogrammes et demi de sucre blanc, 1 gramme vanille, 2 grammes iris en poudre, suffisamment d'eau pour baigner les mûres ; écrasez bien celles-ci en les foulant, et laissez la fermentation s'opérer d'elle-même ; elle s'effectuera comme pour le raisin, et le produit sera un vin de teinte, d'autant meilleur qu'il n'a aucune odeur désagréable : ce vin s'emploie le plus communément, comme les vins de sureau ou d'hièble, à colorer les autres vins.

VIN DE FRAMBOISES.

A un mélange de 20 litres, moitié framboises écrasées et moitié eau, on ajoute 3k,750 de sucre blanc, 5 grammes violettes, et on laisse fermenter en vaisseau couvert.

On traite de même le vin de fraises.

VINS DE FRUITS.

Prenez des pêches ou abricots-pêches parfaitement mûrs, ouvrez-les, séparez-en les noyaux, mettez-les dans une terrine, saupoudrez-les avec 60 grammes de sucre en poudre, par kilogramme de fruits, afin de faciliter la séparation du sucre ; faites-les cuire à une douce chaleur avec un litre de vin blanc par 2 kilogrammes de fruits et 2 décilitres d'eau-de-vie ; ajoutez le bois des noyaux concassés et desquels on aura enlevé les amandes ; laissez en digestion pendant un mois ; au bout de ce temps, filtrez ; si la liqueur conservait un peu d'opacité, on peut la clarifier en y ajoutant un verre de bon lait qui se coagule par l'agitation, et éclaircit la liqueur que l'on filtre à nouveau. Les vins d'abricots se préparent de la même manière.

RHUM FACTICE.

Rognures de cuir neuf. . .	2 kilog.
Mélasse bonne ordinaire.	8 »
Eau.	18 »
Levain.	2^{k},50

Mettez le tout dans un tonneau, au bout de huit jours vous distillerez à petit feu ; remontez le tout avec de l'alcool au degré que vous désirez, et bonifiez avec un flacon essence de rhum ; colorez au caramel. En ce qui s'agit du rhum de la Jamaïque ou

Martinique, j'ai toujours vu bonifier les tafias de rhum par les essences de rhum, etc., etc. Comment serait-il possible autrement, quand on le vend au détail cent pour cent meilleur marché que cela coûte dans les pays de production ?

GENIÈVRE.

Baies de genièvre. . .	1k,250.
Houblon.	0 ,125.
Alcool à 90°.	8 litres.

On écrase les baies dans un mortier, on pile le houblon et on fait macérer pendant vingt-quatre heures dans l'alcool ; on distille au bain-marie avec 8 litres d'eau pour retirer 3 litres et demi d'esprit, auxquels on a ajouté alcool 90 degrés 7 litres, eau 11 litres. Le produit est de 25 litres et demi marquant 50 degrés (genièvre par essence opérée comme les précédentes).

CARACTÈRE DISTINCTIF DES VINS FALSIFIÉS DANS LEUR COULEUR.

Faites plusieurs taches sur un morceau de papier blanc à lettre, puis desséchez ce papier à une douce chaleur. Si le vin est pur, les parties couvertes par les taches ne présenteront aucune altération ; dans le cas contraire, elles rougiront et deviendront très-cassantes. Ou bien encore, si vous le préférez, prenez un morceau de mie de pain, auquel vous laissez absorber tout le liquide possible, puis vous le placerez dans une assiette remplie d'eau, et si le vin a une coloration artificielle, l'eau prendra immédiatement une teinte rouge violette ; si, au contraire, il n'a pas été fraudé, l'eau ne changera de couleur qu'au bout d'un quart d'heure ou d'une demi-heure, et on remarquera tout d'abord qu'elle prendra une nuance semblable à celle de l'opale. Je dirai même que toute matière colorante provenant des fruits ou des graines, etc., etc., se dissout promptement dans l'eau, tandis que la couleur du vin naturel ne se dissout qu'avec beaucoup de lenteur et même d'une manière très-imparfaite.

MOIS DE MAI ET JUIN, VINS EN FUTS.

Soins à apporter à la cave au moment de la pousse de la vigne.

La cave doit être fréquemment surveillée à cette époque, car c'est le moment où certains vins contractent l'aigre ; quand vous remplirez des fûts, avoir le soin de faire sortir les fleurs (tous les quinze jours nettoyez les bondes, changez-en les linges), et faites le remplissage avec du vin vieux ou vinée. Je ne cesserai pas de recommander d'apporter les mêmes soins quand on a des caves qui sont trop sèches et lors des grandes chaleurs; ou bien encore, quand le vin arrive chaud, ou qu'il a fait une longue route, il faut bien se garder de le descendre immédiatement à la cave, surtout si elle est fraîche et que le thermomètre y marque moins de 9 à 10 degrés ; il faudra le loger à l'ombre pendant au moins six heures, et arroser les fûts d'eau fraîche avant de l'encaver ; une fois descendu, faites un trou à côté de la bonde, afin de donner de l'air pendant douze heures, ensuite mettez les fossets. Dans les caves, il faut toujours avoir soin d'éloigner toutes les matières susceptibles de fermentation ou de putréfaction ; si dans le voisinage des caves il existait des dépôts d'immondices, des lieux d'aisances, etc., il faudrait prendre la plus grande précaution pour empêcher que la fermentation qui s'y produit puisse se faire sentir; car elle est pernicieuse, et les vins ne résistent guère à cette cause destructive, même ceux en bouteilles. Si c'est le sol qui apporte des odeurs méphitiques, mettez vingt centimètres de sable sec; si ce sont les murs, il faut les cimenter aussi souvent que le besoin l'exige. Dans les caves, souvent les vins donnent des signes de fermentation, que l'on reconnaîtra au petillement dans les vases; donnez de l'air aux futailles, et faites brûler du soufre sur un réchaud rempli de charbon enflammé ; si cela était insuffisant, soutirez vos vins dans des futailles fraîches, que vous mécherez fortement.

MANIÈRE D'OPÉRER LA COLORATION DES VINS.

Journellement on remonte un vin en force et en couleur avec des vins de Roussillon ou autre vin noir du midi de la France, mais souvent il arrive que l'on veut conserver au vin son parfum et sa séve propre ; ou bien encore qu'il se trouve assez capiteux par lui-même, ou encore que ce vin est trop médiocre pour supporter la dépense qu'occasionne l'addition des vins désignés ci-dessus; alors on pourra procéder comme ci-dessous.

Pour 250 litres :

Teinte bordelaise. . . .	3 litres.
Alcool 90 degrés.. . . .	2 —
Poudre anglaise. . . .	30 grammes.

On soutire dans un baquet 10 litres de vin à colorer ; on y met la teinte et on remue bien ; on rejette ensuite le tout dans le fût et on agite bien pendant cinq minutes ; on colle à la poudre anglaise. On se débarrassera des écumes après avoir bien remué, en remplissant avec soin la futaille et jetant quelques cuillerées d'alcool par la bonde. (Si ce sont des vins verts ou âpres, collez-les avec la gélatine des vins de Bordeaux.)

COLORIFICATEUR DES EAUX-DE-VIE DE LA CHARENTE.

Mettez dans une bassine :

Eau.	1/2	litre.
Safran.	2	grammes.
Poudre de réglisse en bois.	200	—
Cire vierge.	5	—
Iris de Florence en poudre.	5	—
Cachou.	5	—
Vanille.	2	—
Ajoutez alcool de marc. .	2	cinquièmes.
Essence de rhum. . . .	5	gouttes.
Essence de kirsch.	5	gouttes.

Faites bouillir tous ces ingrédients pendant dix minutes et filtrez ensuite.

CARAMEL A AJOUTER AUX INGRÉDIENTS CI-DESSUS.

Sucre blond en poudre. . . . 6 kilog.

que vous mettez dans une bassine sur le feu ; quand

cela commence à noircir, vous ajoutez un blanc d'œuf que vous aurez délayé à l'avance, et quand le tout sera réduit à l'état de caramel, vous écumerez ce qui sera à la surface et vous filtrerez immédiatement; ensuite vous mélangerez bien ce caramel à la liqueur ci-dessus, et vous aurez le soin de laisser refroidir avant de mettre en litres; mettez les litres au frais pour les conserver pour vos besoins. (Un litre peut colorer 600 litres.)

LIE DE VIN DIFFICILE A ÉCLAIRCIR.

Gélatine Lainé. Cela revient environ à 20 centimes par litre, chez M. Denis, rue Turenne, Paris.

CONSEILS PRATIQUES.

AUTRE MOYEN DE RECONNAITRE LA COLORATION ARTIFICIELLE D'UN VIN.

On commence par verser dans le vin qu'on veut essayer une dissolution d'alun, 3 grammes dans 30 grammes d'eau sur un verre de liquide ; on ajoute ensuite 2 grammes de potasse qu'on a fait dissoudre dans 15 grammes d'eau. Il se fait alors, si le vin est naturel, un dépôt couleur vert bouteille plus ou moins foncé, suivant que le vin était plus ou moins coloré. Les vins de Languedoc ou de Roussillon donnent un vert sombre, les vins de Bourgogne un vert plus clair, les vins de pays un vert tirant sur le gris. Cette couleur étant constante dans les précipités des vins naturels, au moment où l'on fait l'expérience, il est facile de reconnaître si la liqueur qu'on examine doit sa couleur à une teinture étrangère. Une suite d'expériences faites sur différents vins colorés artificiellement donne les résultats suivants :

Les vins rouges purs n'ont pas de précipité ;

Le tournesol précipite en violet clair ;

Le bois d'Inde précipite en prune de Monsieur ;

Le troène précipite en violet bleuâtre ;

L'airelle précipite en couleur de lie sale ;

Le bois de Fernambouc précipite en laque rouge.

Toutes les fois que l'alun, uni au vin et précipité par la potasse, ne donnera pas une nuance verte, on peut affirmer que le vin a été coloré artificiellement.

La difficulté avec laquelle on fait partir les taches produites par les vins sur le linge sert encore à faire reconnaître leur coloration artificielle.

MOYEN INFAILLIBLE

DE RECONNAITRE LES FUTAILLES QUI SONT ASSUJETTIES DE DONNER AU VIN UN GOUT D'AIGRE OU DE MOISI.

On reconnaît le plus souvent le goût d'aigre ou de moisi d'une futaille en faisant brûler par la bonde un morceau de papier ; s'il s'éteint avant d'être consumé, le goût d'aigre est certain, et il est prudent de s'abstenir d'y mettre du vin avant de l'avoir fait nettoyer de la manière suivante : rincer avec de l'eau en ébullition, dans laquelle on aura fait infuser une poignée de chaux vive pour chaque futaille ; après l'avoir roulé en tous sens, on laissera reposer l'eau intérieurement sur chaque fond pendant deux minutes ; ensuite on aura le soin de laisser couler l'eau jusqu'à la dernière goutte. Vous ferez brûler une petite mèche de soufre avant de remplir la futaille de liquide.

COUPAGE DES VINS IMITANT LE MIEUX LES VINS DE BORDEAUX.

Petit vin de pays, *très-ordinaire*. .	45	litres.
Roussillon viné de 16 à 18 degrés. .	100	—
Picquepoul *id.*	30	—
Bourgogne. . . . . , .	25	—
Vin de Blois, dit *gros noir*, ou vin teinturier.	25	—
Total.	225	litres.

Ce dernier est excessivement épais, et de même couleur que le cassis; il a un goût très-prononcé de la grappe de raisin.

Ajoutez un demi-flacon ou un flacon bouquet Bordeaux, de M. Ulysse Roy, de Poitiers.

Pour l'été, mettez 5 litres de Roussillon en moins, et 5 litres petit vin ordinaire en plus; collez avec deux œufs bien frais en mettant le jaune et le blanc, et 100 grammes sel gris; agitez fortement, mettez la bonde en travers; trois jours après on pourra l'employer pour vendre au détail, il sera très-limpide; remettez la bonde et bouchez hermétiquement.

SIROP DE RAISIN POUR LES SPIRITUEUX.

Raisin de Fontainebleau ou autre, le plus mûr possible, et choisir celui qui a le plus de parfum.

15 kilog. de raisin que l'on passera sous presse pour retirer environ :

	Jus.	7	litres.
Ajoutez :	Sucre blanc cristallisé. . . .	8	kilog.
	Glucose ou sirop de froment.	3	kilog.
	Produit. . .	10	litres.

Même opération que les précédentes, faire cuire le sirop à 30 degrés bouillant.

SIROP DE SUCRE POUR LIQUEUR.

Eau.	7 litres.
Sucre blanc.	6 kilog.
Glucose ou sirop de froment.	5 —
Produit.	10 litres.

Opérez comme il est dit à la page 103.

SIROP DE CANDI POUR LIQUEURS EXTRAFINES.

Candi blanc.	12 kilog.
Eau.	6 litres.
Produit. . . .	10 litres.

Opérez comme page 103.

INFUSIONS DE FEUILLES DE CASSIS LES PLUS UTILISÉES A PARIS.

Prenez des feuilles de cassis que vous couvrirez avec de l'alcool à 90 degrés, remuez tous les jours pendant vingt jours, soir et matin, colorez avec le bois de Fernambouc, ou, ce qui vaut mieux, avec le vin de Roussillon très-viné, pour s'en servir au besoin. Même procédé qu'à la page 83. L'infusion des feuilles et du bois, telle qu'elle est, imite très-bien la chartreuse comme couleur ; cette liqueur est excellente comme qualité ; après avoir soutiré, remettez de l'eau sur l'infusion, afin d'enlever tout l'alcool qu'elle aura absorbé.

IMITATION DE PUNCH GRASSOT.

Sirop de sucre. . . .	5 litres.
Rhum ordinaire. . . .	4 —
Eau-de-vie.	3 —
Esprit de citron. . .	25 centilitres.
Esprit d'orange. . .	25 —
Thé.	12 grammes, infusé dans 1/4 de litre d'eau.
Vanille	1 gramme.
Produit. . .	12 litres 1/2.

Colorez avec du caramel.

PUNCH AU COGNAC.

Sirop.	5 litres.
Cognac.	7 —
Esprit de capillaire. .	1/2 —
Produit. .	12 litres 1/2.

BITTER PAR DISTILLATION.

Anis.	80 grammes.
Écorce d'orange. . . .	80 —
Calamus aromaticus. . .	80 —
Baies de genièvre. . . .	85 —
Sauge.	75 —
Grande absinthe. . . .	85 —
Angélique.	45 —
Menthe poivrée. . . .	40 —
Fleur de lavande. . . .	40 —
Girofle.	20 —
Alcool à 90 degrés. . .	10 litres.
Bois de Fernambouc. . .	500 grammes.
Eau.	10 litres.

Distiller à petit feu. Si l'on trouvait que le bitter ne rougisse pas suffisamment dans l'eau, on remédierait avec la couleur à bitter.

RASPAIL PAR DISTILLATION.

Racine d'angélique.	200	grammes.
Calamus aromaticus	80	—
Angélique fraîche	300	—
Myrrhe.	50	—
Cannelle.	50	—
Aloès succotrin.	25	—
Vanille	2	—
Girofle.	20	—
Muscade	6	—
Camphre	3	—
Alcool à 90 degrés.	10	litres.
Eau.	10	—

Faites infuser et distiller comme l'anisette, page 79; 5 grammes de safran infusés dans l'eau suffisent pour colorer 100 litres.

ABSINTHE SUISSE PAR DISTILLATION.

20 LITRES A 72 DEGRÉS.

Faire infuser dans 15 litres d'alcool à 95 degrés, pendant 24 heures :

Grande absinthe sèche.	250	grammes.
Petite absinthe	250	—
Fenouil de Florence pilé	750	—
Anis vert pilé	750	—
Coriandre.	225	—
Badiane	325	—
Racine d'angélique concassée. .	250	—
Menthe poivrée	50	—
Dictamne de Crète.	50	—
Ortie.	100	—
Safran.	2	—
Eau	8	litres.

Dans le cas où l'on trouverait qu'elle ne blanchit pas suffisamment, on aurait recours à l'essence de badiane. Distillez à petit feu.

DU DÉTAIL

DES

APPAREILS DE DISTILLATEUR

Les appareils de distillateur sont aujourd'hui très-simples ; tous les vases ou ustensiles sont étamés dans l'intérieur. Un fourneau percé de trois trous, sur lequel il y a un alambic à col de cygne, qui se compose de cinq pièces : 1° la cucurbite ou vase de cuivre qu'on introduit dans le fourneau ; 2° le bain-marie, ou vase de cuivre que l'on pose sur la cucurbite ; 3° le chapiteau, pièce en cuivre en forme d'entonnoir renversé qui s'adapte sur le bain-marie ; 4° le col de cygne, long tuyau courbé, qui surmonte le chapiteau ; 5° le serpentin, quelquefois en cuivre ou en étain, contourné en hélice, qui baigne dans l'eau dont est rempli un vase appelé réfrigérant, qui communique par le col de cygne avec l'appareil où s'opère la distillation. Un conge, grand réservoir en cuivre étamé, avec échelle de proportion dans l'intérieur, indiquant la quantité de liquide qu'on peut y mettre.

LIMPIDITÉ.

Le meilleur moyen d'obtenir un liquide d'une parfaite limpidité, c'est le repos ou le collage, quand on n'est pas trop pressé. On colle les liqueurs avec de la colle de poisson, la gélatine, la poudre anglaise, les blancs d'œufs et la poudre filtrante. De tout cela, pour le collage des liqueurs, la plus simple et la meilleure, à mon avis, c'est la poudre filtrante, qui agit avec une grande énergie sur toutes les liqueurs, et qui, avant tout, est très-économique, car il suffit de 5 grammes pour filtrer 25 litres. Les prospectus de ladite poudre donneront les renseignements nécessaires.

RENSEIGNEMENTS.

On désigne les liqueurs, dans le commerce, sous le nom de liqueurs ordinaires, demi-fines, fines, surfines et doubles. Le nom ne fait pas plus que la belle étiquette sur la bouteille ; j'ai vu et dégusté des liqueurs ordinaires qui étaient préférables à des fines. Cela dépend, pour moi, de la manière de les fabriquer et du choix des matières premières ; je n'accepte donc ces noms que pour ce qu'ils valent, je veux dire comme terme commercial.

ALCOOLS PARFUMÉS,

On distille toujours à l'avance des alcools parfumés, de manière qu'au besoin ce soit prêt. Toutes les plantes aromatiques ou alcools parfumés se distillent de la même manière ; je le répète, pour fabriquer de bonnes liqueurs, employez toujours de l'alcool franc de goût et des plantes de première qualité. On devra toujours laisser infuser pendant douze heures, dans de l'alcool à 90 degrés, les plantes dont on désire avoir les parfums ; ensuite on distillera au bain-marie, et à petit feu ; on conservera les parfums dans des litres en verre bien bouchés et au frais. Il y a, depuis quelques années, des négociants qui s'occupent spécialement de vendre des doses, préparées à l'avance, de plantes aromatiques pour fabriquer telles ou telles liqueurs. En conséquence, rien n'est plus simple que de se procurer une dose de plantes aromatiques pour fabriquer telle quantité de liqueurs que l'on désire, et de la distiller pour en extraire les parfums. Les mêmes maisons vendent les essences pour la fabrication des liqueurs. C'est ce qu'un grand nombre de distillateurs emploient pour faire leurs liqueurs ordinaires, fines et demi-fines. Du reste, le procédé est très-expéditif. Les liqueurs doubles ne servent généralement que pour l'exportation ou la province, et on les fabrique en mettant le double de parfum, d'alcool, de sirop, qu'aux autres liqueurs, de manière qu'en ajoutant un litre d'eau, on en retire deux litres. Il y a un grand nombre de liqueurs nouvelles, mais il y en a peu qui jouissent d'une réputation méritée. C'est pourquoi je me renferme dans les liqueurs les plus connues, et dont la vente est régulière. Je recommande une très-grande propreté dans les appareils, bassines, etc., qui peuvent servir à la fabrication des sirops. Il est essentiel de recommander de ne pas oublier de couper les matières des plantes aromatiques avant de les faire infuser : c'est le seul moyen d'obtenir un parfum des plus suaves et de bonne qualité.

MANIÈRE DE DISTILLER LES PARFUMS.

En admettant que vous vouliez distiller une dose de 20 litres, après avoir fait infuser les plantes dans 6 litres d'alcool à 90 degrés pendant douze heures, vous mettez cette infusion dans le bain-marie de votre alambic, vous ajouterez dessus 7 litres d'eau, vous aurez le soin de mettre des bandes de toile imbibées dans la colle de pâte, partout où vous croirez que la vapeur peut s'échapper ; ensuite vous remplirez le réfrigérant d'eau bien fraîche, et vous poursuivrez la distillation à petit feu. Après avoir distillé 3 litres d'alcool parfumé, qui pèseront environ 75 degrés, vous ajouterez dans votre bain-marie 4 litres d'eau, vous continuerez la distillation à petit feu, pour retirer encore 2 litres 3/4 de bons produits. Ensuite vous pousserez alors votre feu, pour retirer encore un litre de parfum que vous goûterez en en mettant un peu dans un verre d'eau, et, si vous n'y trouvez pas mauvais goût, vous l'utiliserez ; dans le cas contraire, tous ces flegmes s'utilisent quand on fait de l'absinthe, dans le cas où vous distilleriez plusieurs sortes de liqueurs. Lorsque vous verrez que l'eau du réfrigérant est tiède, ayez toujours le soin de la rafraîchir.

FILTRAGE.

Pour le filtrage des eaux-de-vie et liqueurs, il suffira de se procurer un grand entonnoir, ou filtre de distillateur, étamé dans l'intérieur, avec robinet dans le bas, qui s'ouvre et se ferme à volonté ; on le placera sur une planche d'un pouce d'épaisseur percée d'un trou qui recevra ledit entonnoir aux deux tiers de sa hauteur. La chausse que l'on met dedans n'est autre chose qu'un filtre en flanelle ou laine brute, terminé en pointe, que l'on met dans l'entonnoir désigné ci-dessus, attaché avec un cordon que l'on tourne autour du filtre. Pour filtrer les liqueurs, mettez du papier à filtre que vous réduirez en pâte, et que vous délayerez avec un peu d'eau en fouettant avec un petit balai d'osier ; pressez la pâte de manière à ce qu'il reste le moins d'eau possible et mélangez-la avec le liquide que vous désirez filtrer. Une fois la pâte bien mélangée, jetez le tout sur votre filtre à plusieurs reprises : le papier se collera autour de votre filtre en flanelle, et vous obtiendrez un liquide très-clair. Ne mettez en litres les parfums et les liqueurs que lorsqu'ils seront bien refroidis.

ADRESSES DES NÉGOCIANTS

CHEZ LESQUELS ON PEUT SE PROCURER LES ESSENCES, PLANTES, RANCIOS, BAUMES, SÈVE DE MÉDOC OU BOUQUET DES VINS.

1° La maison Trasforest, de Bordeaux, spécialité pour l'amélioration et la conservation des vins. 2° Produits pharmaceutiques et chimiques d'Ulysse Roy, de Poitiers, pour cognac, essence de rhum, essence de kirsch, etc. : dépôt à Paris, chez MM. Mesnier, rue Sainte-Croix-de-la-Bretonnerie. 3° Spécialité pour distillateurs et confiseurs; antimer pour les vins, caramel, charentaise, coloration ou teintes bordelaises, couleurs rouges pour les liqueurs et sirops, couleurs pour curaçao et bitter, moyens de les faire rougir; essence de rhum, punch et kirsch, essence pour sirop de groseille, orgeat et framboise, etc.; poudre anglaise pour la clarification des vins, poudre clarifiante pour les vins et eaux-de-vie, poudre filtrante pour clarifier les liqueurs; rancios pour vieillir les eaux-de-vie et les vins, sirop blanc de glucose et sirop de raisin, séves de Chablis, de l'Hermitage, du Médoc, de Sillery, vieillisseur des vins, baumes, séves, etc., etc., MM. Lebœuf et Ce, d'Argenteuil, près Paris. Conserve groseille, framboise, etc., etc., gélatine pour les vins et leur décoloration, s'adresser à M. Appert, rue de la Mare, à Ménilmontant, Paris. En ce qu'il s'agit des doses de plantes aromatiques pour faire les parfums et les essences pour fabriquer des liqueurs, la couleur pour absinthe, M. Lesault, 22, rue des Blancs-Manteaux, ou M. Souppe, rue Saint-Méry. Colorificateur pour les spiritueux et sirops de froment, M. Antheaume, rue des Lombards. Caramel pour distillateur et sirop de froment de la haute halle centrale, Paris; gélatine Lainé, poudre décolorante, assortiment de distillateur, M. Denis, rue Turenne, 64, Paris. Alcoomètre, éprouvette, pèse-liqueur, pèse-vin, pèse-vinaigre et acide, pèse-lait, pèse-pétrole, etc.; arome de vinaigre corrigeant les défauts naturels de l'acide et donnant le parfum qui imite le mieux celui du vinaigre d'Orléans; dépôt, Office des distillateurs. Fabricant d'alcool, M. Gentil fils, rue de Créteil, 7, Maisons-Alfort.

Rectification d'alcool, cognac et rhum, M. Guillien, rue des Carrières, 104. Négociants en spiritueux, bitter, eaux-de-vie, etc., à l'Entrepôt général des liquides, Paris (vente publique, toute la semaine, de vins, eau-de-vie et vinaigre). Bouilleur d'eau-de-vie, Carnaud et Ce, à Cognac (Charente). Sirop de raisin, garanti pur : M. Gilly Blanc, usine à Calvisson (Gard). Vins gros noir de Blois (Loir-et-Cher) : maisons de commission, M. Bailly et Ce, MM. Paupet et Maillard, M. Proust-Leroux. Spécialité de vins du Cher et de Touraine, et Vouvray, M. Cœlier, à Saint-Regondre (Indre-et-Loire). Vins de Roussillon, M. G. Bernardi fils, à Rivesaltes (Pyrénées-Orientales). Piquepoule, Tavelle : maison.de commission et propriétaire, MM. Aury et Bourdet, à Lunel (Hérault). Eau-de-vie, envoi gratuit d'échantillon : Rodde et Montangon, commissionnaires, Aigrefeuille (Charente-Inférieure). Jus de cassis vierge, jus de framboise 32 degrés, jus de cerise 25 degrés : le tout logé pris à Dijon, valeur à cent vingt jours et même six mois, maison J. Pascal, distillateur à Dijon (Côte-d'Or). Tafia de rhum : au Havre (Seine-Inférieure), commissionnaires et transit : M. Hallaure ; M. Ch. Bertrand, M. Heaulmé, rue du Prince-Jérôme, 7. Parfums concentrés de Charles Jacquau à Evreux, M. Leperdriel, rue Sainte-Croix-de-la-Bretonnerie. Parfum pour liqueurs et bouquet pour les vins, M. Lafont, 25, rue des Tournelles, Paris. Dépôt de tous les produits ci-dessus, chez M.

rue   , à

POUR VIEILLIR LES LIQUEURS.

LIQUEURS SURFINES ET EXTRA.

Manière d'obtenir le goût de celles qui ont vieilli et une douceur moelleuse. — Préparez de la glace que vous pilerez, sur laquelle vous jetterez un peu de sel gris; vous mettrez vos bouteilles de liqueurs, soit debout ou couchées, de façon à les entourer le plus possible de la glace ci-dessus, pendant quarante-huit heures.

AVIS SUR LES VINS DE CUVÉE ET AUTRES.

Saint-Vite-sur-Lot (Lot-et-Garonne) : Vastes vignobles les plus importants du pays, côtes du Lot, Cahors, Tézac, et Perricquard, sur la pierre et exposés au midi, produisent des vins noirs très-recherchés du commerce pour coupage; ces vins font trois couleurs. Vissel et Ce, propriétaires négociants commissionnaires.

Fontaine-lès-Châlon (Saône-et-Loire) : Vins rouges des côtes des cantons de Chagny, Givry et Buxy, Passe-tous-grains des mêmes cantons; bons vins blancs de Rully, Montagny et Buxy; vins fins rouges de Givry, Mercurey et Rully. Auguste Vernachet, commissionnaire en vins à Fontaine-lès-Châlon, par Chagny (Saône-et-Loire).

COUPAGE D'EAU-DE-VIE OU D'ALCOOL.

Employez de préférence les eaux de pluie. Après quatre jours de repos, vous pourrez soutirer l'eau de pluie que vous aurez recueillie dans un tonneau, à laquelle vous ajouterez, pour la conserver indéfiniment et pour vos besoins, 8 litres d'alcool par hectolitre. Cette eau a la propriété de rendre les eaux-de-vie moins dures.

PARFUM D'ANISETTE SURFINE.

Les personnes qui ne voudraient pas acheter leurs doses de plantes aromatiques toutes préparées, pour fabriquer une quantité de parfum désignée, voici une recette de laquelle j'ai obtenu un bon résultat :

Anis vert	125	grammes.
Badiane	500	—
Fenouil de Florence	125	—
Coriandre	125	—
Sassafras	125	—
Ambrette	25	—
Citrons frais (trois)		
Orange fraîche (une)		
Thé perlé, mêlé souchon	5	—

Faites infuser douze heures dans 10 litres d'alcool à 90 degrés. Distillez ensuite en ajoutant 11 litres d'eau. Après avoir distillé 5 litres de parfum, remettez 6 litres d'eau dans le bain-marie. Continuez la distillation pour avoir encore 4 litres 3/4 de bons produits. Poussez le feu pour retirer 1 litre de parfum que vous goûterez et utiliserez selon la qualité. Une fois le parfum froid, ajoutez dedans un demi-litre d'eau de fleurs d'oranger, mettez en litre et au frais pour vous en servir au besoin.

ANISETTE BONNE ORDINAIRE

FORMULE DE 6 LITRES.

Toutes les essences ou parfums distillés devront être délayés dans l'alcool, qui servira pour alcooliser la quantité désignée de liqueur; mais on devra toujours, après le mélange fait, en réserver un demi-litre, de manière à pouvoir corriger l'opération, si elle se trouvait trop ou pas assez parfumée. Toutes les autres liqueurs se font de la même manière que celles désignées ci-dessus; il n'y a que les parfums et la couleur qui diffèrent. J'engagerai toujours à se servir de sirop glucosé pour fabriquer toutes les liqueurs ordinaires, demi-fines et fines; les qualités surfines ou extra se sucrent avec des sirops purs et des sirops candis.

ANISETTE ORDINAIRE.

3 litres 3/4 d'eau.
0 — 3/4 de litre de sirop à 32 degrés.
1 — 1/2 d'alcool à 90 degrés, que vous aurez parfumé, soit à l'essence ou au parfum distillé.

Total 6 litres.

LES DEMI-FINES PAR LITRE.

1 cinquième de sirop.
3 cinquièmes d'eau.
1 cinquième d'alcool à 90 degrés, parfumé en suffisante quantité, soit par essence ou par parfum distillé.

Soit 1 litre.

Les fines pour 1 litre : 1/2 litre d'eau, 1/4 de litre sirop, 1/4 litre alcool 90 degrés. Opérez comme ci-dessus.

LIQUEUR DE DANTZIG PAR ESSENCE.

Un flacon essence Dautzig. Délayez trois feuilles d'or que vous fouettez dans un quart de litre alcool 90 degrés.

Le quart de litre alcool à 90 degrés ci-dessus, parfumé en suffisante quantité.
Un demi-litre de sirop pur à 34 degrés.
Un quart de litre d'eau.

Soit : Un litre.

PARFUM DE CURAÇAO DE HOLLANDE.

Écorces de curaçao de Hollande, 3 kilog.
Citrons frais, deux.
Orange fraîche, une.
Macis, 8 grammes.
Bois de Fernambouc, 200 grammes.
Cannelle de Ceylan, 25 grammes.

Faites infuser les ingrédients ci-dessus pendant douze heures dans 13 litres d'alcool à 90 degrés, ensuite ajoutez eau 14 litres, et distillez comme les précédents. Avant l'infusion, faites chauffer de l'eau tiède, de manière à pouvoir ôter l'âpreté des écorces de curaçao, auxquelles vous enlèverez les zestes avec un couteau ; les faire tremper environ trois quarts d'heure et en jeter l'eau, colorer en suffisante quantité avec le colorificateur, et ensuite filtrer.

IMITATION DE RASPAIL PAR ESSENCE.

Un flacon essence raspail, opérez comme l'anisette, page 80. Colorez avec du safran, que vous faites infuser dans l'eau, et dont vous retirerez le jus que vous conserverez dans de l'alcool à 90 degrés; 5 grammes suffisent pour colorer 100 litres.

IMITATION DE RASPAIL PAR DISTILLATION.

Achetez une dose de raspail, distillez comme les précédents pour avoir le parfum, et opérez comme l'anisette, page 79. Toutes les liqueurs surfines et extra devront, une fois fabriquées, être collées à la colle de poisson ou à la gélatine. Laissez reposer quinze jours.

INFUSION DE CASSIS.

Achetez 60 kilog. de cassis, que vous écraserez. Laissez fermenter seul pendant vingt-quatre heures, ensuite remplissez le fût d'alcool réduit à 50 degrés, et laissez reposer trente jours, en ayant soin, pendant vingt jours, de le remuer soir et matin.

A l'égard des infusions de merises, ôtez les queues, et suivez la même opération que ci-dessus. — Même procédé pour les mûres et les framboises.

Après trente jours d'infusion, vous pourrez soutirer le premier jus de cassis, et recharger avec de l'alcool réduit à 40 degrés : quarante jours après, soutirez encore, passez sous presse les fruits, ensuite rechargez en troisième avec l'alcool réduit à 35 degrés, ce qui sera encore bon pour faire des cassis ordinaires : les cassis 2e et 3e auront besoin d'être colorés, soit avec de la couleur, ou des vins de Roussillon, mais il est rare qu'ils manquent de parfum, surtout quand le fruit est bien mûr ; on remédierait au besoin avec une infusion de feuilles de cassis et merises. Après le soutirage de la 3e infusion, remettez du vin sur le marc, ce qui finira d'enlever tout l'alcool retenu, et d'extraire tout ce qui reste de principe utile.

IMITATION DE CASSIS DE DIJON.

1 litre de jus d'infusion cassis 1er.
1 litre de jus merises 1er.
1/4 de litre de jus framboises.
3/4 de litre de sirop glucosé.

Total, 3 litres.

Bien mélanger et filtrer si besoin est.

Le mélange pour faire du cassis avec les infusions n'est qu'une question de goût ; l'un prétend qu'il est meilleur avec plus ou moins de telles ou telles infusions. La crême de cassis se fait avec davantage de sirop et un peu de vin de Roussillon, afin de ne point altérer la couleur ; l'ordinaire avec un peu moins de sirop et un peu plus d'eau, ce qui diminue la force de l'alcool et le prix.

AMER OU BITTER DU HAVRE.

Achetez une dose pour fabriquer 25 litres de bitter, faites infuser la dose de bitter dans 14 litres d'alcool à 90 degrés pendant vingt-quatre heures, ajoutez ensuite 11 litres d'eau, mettez le tout dans le bain-marie, chauffez à petit feu pendant cinq heures sans distiller, de manière que la chaleur ne monte qu'à 20 centimètres dans le tuyau du col de cygne, laissez refroidir et essayez dans un verre d'eau. Si vous trouvez que la couleur laisse à désirer, ou qu'il ne rougisse pas en suffisante quantité dans l'eau, remédiez et corrigez avec la couleur à bitter; filtrez ensuite, mais ne collez jamais.

ABSINTHE ORDINAIRE PAR ESSENCE.

Demandez un flacon d'essence d'absinthe, mélangez l'essence dans un cinquième d'alcool à 90 degrés; réduisez ensuite de l'alcool à 50 degrés. Mélangez le tout, colorez avec colorificateur et bleu pour absinthe, et filtrez.

ABSINTHE SUISSE PAR ESSENCE.

Un flacon extrait d'absinthe suisse ou un flacon arome de Couvet. Délayez l'essence dans un cinquième d'alcool à 90 degrés; faites une infusion d'orties que vous ferez bouillir (c'est ce qui donne la teinte verdâtre). Colorez avec le colorificateur et bleu pour absinthe; remettez un peu d'essence de badiane. Si vous trouvez qu'elle ne blanchit pas suffisamment, mélangez de nouveau le tout avec de l'alcool à 70 degrés, et filtrez.

KIRSCH FACTICE.

Il m'est arrivé bien souvent de déguster de prétendu vrai kirsch, dans lequel il n'y en avait pas une goutte ; comment serait-il possible d'agir autrement quand on vend 25 pour 100 de moins que le producteur? Puisque cet usage existe, et qu'aucune nation ne l'a pas encore empêché, pas plus que de vendre de l'alcool pour du cognac, je vais donc vous donner ci-dessous la recette qui m'a toujours réussi, et que le public parisien a trouvé parfaitement bonne.

Pour 25 litres de kirsch :

Achetez un flacon d'essence de kirsch (d'Ulysse Roy, de Poitiers) ; mélangez dans 25 litres d'alcool réduit à 50 degrés ; faites un sirop avec 800 grammes de sucre candi bien blanc ; vous mélangez dans les 25 litres ci-dessus, agitez fortement et, après six heures de repos, mettez en litres.

MANIÈRE D'ÉVITER LE DÉPOT DES LIQUIDES DANS LES BOUTEILLES.

Si vous voulez avoir du kirsch, des eaux-de-vie, des rhums ou autres spiritueux d'une belle limpidité, et qui ne déposent jamais, en vieillissant, dans les bouteilles, vous prendrez de l'eau de pluie, que vous distillerez. Dans le cas où il vous manquerait un alambic pour distiller, faites bouillir l'eau dans une bassine de cuivre non étamée, pendant deux heures, et à gros bouillons. Une fois refroidie, vous réduirez vos eaux-de-vie ou alcools avec cette eau, et vous collerez avec 1 litre de lait par hectolitre, dans lequel vous aurez versé quelques gouttes de bon vinaigre de vin, de façon que le tout soit tourné avant de le mettre dans le fût. Remuez et agitez fortement ; laissez un trou d'air sur le fût, et en repos, pendant trente jours ; soutirez avec soin et, au besoin, filtrez, si le liquide laisse à désirer (ce qui arrive rarement quand le fût n'est pas remué à la cave).

ALCOOL CAMPHRÉ.

Camphre, *en poudre*, 350 grammes.
Alcool à 85 degrés, 2 litres.

Faire dissoudre le camphre dans l'alcool, et filtrez.

EAU-DE-VIE CAMPHRÉE.

Camphre, *en poudre*, 150 grammes.
Alcool à 90 degrés, 1 litre 1/2.
Eau, 1 litre.

Faire dissoudre le camphre dans l'alcool ; ajouter l'eau tout doucement, et filtrer.

MANIÈRE DE FAIRE DE BONNES EAUX-DE-VIE ORDINAIRES, OU DU GENIÈVRE.

A 50 litres d'alcool à 90 degrés, ajoutez 50 litres d'eau, ce qui fait 100 litres réduits à 45 degrés. Mettez dedans quatre à cinq gouttes d'alcali volatil, 200 grammes de réglisse de bois en poudre que vous ferez bouillir. Colorez avec le colorificateur ; collez au lait. Vingt jours après, vous pourrez soutirer ; si vous étiez trop pressé, ne collez pas ; contentez-vous de filtrer ; cela n'a d'autre inconvénient que de perdre un quart de degré. Pour le genièvre, ne mettez pas de réglisse ni colorificateur ; ajoutez dans l'alcool l'essence de genièvre, et si l'eau était d'une belle limpidité, inutile de coller ou filtrer. (Pour 1 hectolitre, vinaigre un vingtième, lait 2 litres.)

LIQUEURS.

Le parfait-amour, le persicot, rosoliot, vespétro, genièvre, essence de longue vie, spiritueux amers, spiritueux suisses, etc., etc., tout cela se fait plus souvent par essence que par distillation ; aussi j'engagerais, en ce qui s'agit de la couleur de ces liqueurs, de les acheter toutes préparées.

IMITATION D'EAU-DE-VIE DE MONTPELLIER.

Pour un hectolitre :

Alcali volatil, 1 centilitre.
Rhum, 2 litres.
Kirsch ordinaire, 1 litre.
Infusion de bois de réglisse, 300 grammes.
Infusion d'iris de Florence, 20 grammes.
Sirop de raisin, 1 litre.
Sirop de froment, 1 litre.

Colorez avec le colorificateur, et filtrez.

AVIS ET RÉFLEXIONS SUR LE RHUM DE LA MARTINIQUE.

On nomme *rhum* l'eau-de-vie provenant de la distillation du vin de canne à sucre et de ses débris fermentés. Le *tafia* est l'eau-de-vie de mélasse de canne. On ne fabrique plus guère de rhum, par suite de la facilité avec laquelle on vend les sucres bruts des colonies. Tout ce qui est vendu comme rhum n'est généralement que du tafia plus ou moins bien fait. Les bonnes eaux-de-vie de mélasse, bien rectifiées, forment le rhum ; celles qui sont manquées ou inférieures sont vendues comme tafia. Le rhum véritable de la Jamaïque ne vaut jamais moins de 28 à 32 francs le double gallon (9 lit.). Mais aussi, peu de personnes se doutent en France de ce que c'est que du rhum pur et vrai. Il faut bien se garder de laisser de l'air au rhum, attendu qu'il perd très-rapidement son bouquet qui n'est que factice le plus souvent, et que les tafias véritables sont, eux-mêmes, plus ou moins aromatisés.

RHUM DE PREMIÈRE QUALITÉ ET D'UNE LIMPIDITÉ IRRÉPROCHABLE.

Tafia ordinaire de 48 à 52 degrés, 100 litres.

Essence rhum, 1 flacon, que l'on mélangera bien dans un demi-litre d'alcool et après dans le tafia; colorez en plus, foncez avec du caramel, collez au lait (2 litres lait dans lequel vous aurez mis quelques gouttes de vinaigre de vin pour le faire tourner), versez le tout dans le fût et agitez fortement.

IMITATION D'ARMAGNAC.

Par hectolitre :

Alcali volatil, 1 centilitre.
Rhum, 2 litres.
Kirsch, 1 litre.
Infusion bois de réglisse, 300 grammes.
— de cachou, 50 grammes.
— iris de Florence, 50 grammes.
Sirop de raisin, 2 litres.

Colorez au colorificateur, collez au lait ou filtrez.

IMITATION DE COGNAC.

Ayez toujours soin de réduire vos alcools avec de l'eau de pluie.

Infusion de thé mêlé, pego, hisvin et souchon, 20 grammes.
— de baume de tolu en poudre, 20 grammes.
— de baume de cachou, 100 grammes.
— d'amandes amères, 1 litre.
Alcali volatil, 2 centilitres.
Rhum, 2 litres.
Eau-de-vie de marc, 2 litres.
Vanille pilée dans 50 grammes de sucre, 5 gram.
Sirop de raisin, 2 litres.
Infusion de safran, 2 centilitres.

EAU-DE-VIE DE MARC.

On imite très-bien le goût des eaux-de-vie de marc de Bourgogne, en réduisant de l'alcool de marc avec de l'eau à un degré voulu; ajoutez par hectolitre un litre sirop de glucose, trois litres de vin blanc Vouvray vieux. Filtrez, si besoin est.

MOYEN DE VIEILLIR LES MEILLEURS VINS.

BONIFICATION ET CONSERVATION INDÉFINIE.

Remplissez les bouteilles et ficelez le bouchon avec les précautions d'usage; faites-les chauffer au bain-marie à la température de 50 degrés pendant vingt minutes (s'il s'agissait de vinaigre, à la température de 100 degrés), ensuite collez ou filtrez; remettez en bouteilles en ayant le soin d'employer de bons bouchons; cachetez les bouteilles et capsulez-les.

Je vous dirai même que tous les liquides qui ont subi la fermentation alcoolique, tels que le vin, la bière, le cidre, le poiré, le vinaigre, recèlent en eux des mycodermes ou des germes de mycodermes que l'on ne parvient jamais à éliminer complétement par le repos, le soutirage, la clarification et la filtration. Quoi qu'on fasse, il reste toujours des mycodermes ou ferments dans ces liquides; aussitôt que certaines conditions de température ou autres viennent réveiller l'inertie apparente du mycoderme, son activité commence : la décomposition du liquide est le résultat de cette activité. C'est ainsi que les vins et les autres boissons sont exposés à des maladies provoquées par la présence des mycodermes.

Le vinaigre, qui est un agent de conservation des substances animales et végétales, n'échappe pas lui-même à cette loi, pour ainsi dire générale, de l'action des mycodermes.

Sa conservation dépend donc à présent du soin que l'on apportera à éloigner les agents d'une nouvelle fermentation.

J'ajouterai qu'il m'a paru nécessaire et sans inconvénient de porter le vinaigre à la température de l'eau bouillante. Pour les vins, au contraire, ne chauffez pas au delà de 50 ou 60 degrés.

	RICHESSE ALCOOLIQUE DES VINS EN GÉNÉRAL.	
	Volume d'alcool absolu sur 100 volumes de vin à + 15°.	Poids d'alcool absolu sur 100 parties de vin à toute température.
Maximum..........	15	12
Moyenne..........	12 à 10	9,5 à 8
Minimum..........	8	6,33

COUPAGE DE VINS IMITANT DIVERS CRUS.

BEAUNE OU BOURGOGNE.

Vin rouge du Midi (*Roussillon ou Narbonne*)	50 litres.
Vin blanc Vouvray ordinaire	25 —
Vin vieux d'Alicante rouge	10 —
Vin vieux de Xérès	4 —
Vin noir de Blois	10 —
Alcool	1 —
	100 litres.

Collez comme les précédents.

MACON VIEUX.

Vin rouge du Midi bon ordinaire	55 litres.
Vin de Narbonne	10 —
Vin blanc Piquepoul	20 —
Vin d'Alicante rouge	15 —
	100 litres.

VOUGEOT.

Vin rouge vieux (*Narbonne ou Roussillon*)	80 litres.
Alicante rouge	5 —
Xérès	4 —
Malaga	5 —
Madère	5 —
Tafia de cassis	1 —
	100 litres.

CHAMBERTIN.

Vin rouge vieux (*Narbonne ou Roussillon*)	60 litres.
Vin blanc Vouvray vieux	20 —
Madère	10 —
Xérès	5 —
Malaga	5 —
	100 litres.

VINS QUI MENACENT DE TOURNER.

Prenez une futaille fraîchement vide où il y a eu du vin frais ; rincez-la à l'eau bouillante, dans laquelle vous aurez mis 500 grammes de sel gris ; rincez encore une deuxième fois à l'eau froide, et une troisième avec 2 litres de vin chaud ; ajoutez 2 pour 100 d'alcool et un bouquet de pomard pour 225 litres ; avoir soin, avant de soutirer, de mécher le fût.

VINS GRAS.

Pour 220 *litres :*

Prenez la poudre décolorante de M. Lainé ; mettez dans le fût 40 grammes d'alun en poudre ; collez en agitant pendant quinze minutes ; transvasez après le liquide en le faisant passer dans un grand entonnoir rempli de bois de bouleau ; laissez de l'air. Au bout de huit jours, vous pourrez le soutirer et le mettre en bouteilles.

VINS ACIDES OU QUI ONT DE L'APRETÉ.

130 grammes de tartrate neutre de potasse par pièce de 225 litres, que vous délayerez dans 20 litres roussillon.

MOYEN DE CONSERVER LE BOUQUET ET LA SÈVE D'UN BON VIN NATUREL.

Soutirez votre vin trois fois par année, en ayant le soin de mettre chaque fois un demi-litre huile d'olive de premier choix pour finir le remplissage de chaque fût, que vous boucherez ensuite le mieux possible.

VINS ACIDES.

Il se forme quelquefois dans le vin un excès d'acide acétique (vinaigre) ; on peut s'en débarrasser en y mêlant du tartrate neutre de potasse (tartre soluble), qui sature l'acide en excès en formant de l'acétate et du bitartrate de potasse ; ce dernier sel se sépare du vin par le repos à l'état cristallisé.

VINS AZURÉS.

Les vins peuvent prendre une couleur noirâtre et tournant à l'azur; dans ce cas, ils entrent subitement dans un état de fermentation putride par laquelle une partie du bitartrate de potasse se transforme en carbonate, et c'est la réaction alcaline de ce dernier sel qui altère la couleur du vin. On parvient à détruire cet effet en ajoutant au vin une quantité d'acide tartrique suffisante pour rétablir l'acidité sur la couleur normale.

VERJUS.

Vous prendrez du raisin de Malaga, le plus gros qu'il vous sera possible, vous couperez les queues comme aux cerises, vous les mettrez dans le bain-marie de l'alambic, vous le couvrirez d'alcool réduit à 40 degrés ; ensuite vous chaufferez à petit feu, ayant soin que la chaleur ne dépasse pas le quart du col de cygne ; vous regarderez, au bout de trente minutes, si votre raisin est suffisamment gonflé, et, s'il ne l'était pas assez, vous continueriez l'action toujours à petit feu. Retirez de dessus le feu, laissez refroidir, et ajoutez un vingtième de sirop par litre.

(Même procédé pour les petits pots. Pour le jus, un cinquième de sirop avec quelques gouttes d'eau de fleurs d'oranger ; 1 litre d'eau-de-vie à 40 degrés, et 2 litres d'eau par chaque litre d'eau-de-vie.)

VIN QUI COMMENCE A PIQUER.

Quand une pièce de vin commence à tourner à la pointe, il faut bien vite le calmer en le soutirant dans un fût méché ou en le méchant sur bonde ; on le jettera ensuite sur de bonnes lies ; puis, après l'avoir collé, on le coupera avec du vin jeune et corsé. Ce traitement, fait avec soin, guérira complétement le vin compromis.

VINS EN POUSSE.

Cette maladie est le résultat d'une fermentation tumultueuse qui se développe dans les tonneaux et engendre une grande quantité d'acide carbonique. Quand les tonneaux sont bien scellés, il peut arriver que la pression du gaz fasse rompre les cercles et partir les fonds. On peut éviter ce grave inconvénient en transvasant le vin dans des cuves bien méchées et en y ajoutant un peu d'alcool, puis on pratique un collage à la colle de poisson.

VINS BLANCS JAUNIS.

La teinte jaune n'est pas toujours un signe de dégénérescence ; il est certains vins qui la prennent en vieillissant, sans perdre pour cela de leur goût ou de leur limpidité. Ils n'en sont même que plus agréables à l'œil et plus recherchés. Quand le jaune a saisi un vin blanc nouveau sur lie, il suffit, pour le rétablir, de retourner le fût bonde dessous. Au bout de dix jours on répète l'opération, puis, après repos, on soutire. Si le vin n'est plus sur lie, il faut le soutirer dans des futailles fortement soufrées et coller énergiquement.

IMITATION DE MADÈRE.

Mettez dans une barrique de vin de Piquepoul d'une contenance de 230 litres, et pouvant peser de 12 à 15 degrés :

Infusion de coques d'amandes amères torréfiées, 200 grammes.
Esprit de goudron, 30 grammes.
Sirop de glucose, 5 litres.
Infusion de noix, 2 litres.

Collez avec blanc et jaune d'œufs, et, après trente jours de repos, soutirez et mettez en bouteilles.

VERMOUT OU MADÈRE.

Prendre un flacon d'essence de ce nom que vous mélangerez dans 1 litre d'alcool à 90 degrés, pour un hectolitre de vin de Piquepoul de 14 à 15 degrés. Sirop de glucose, 3 litres par hectolitre.

IMITATION DE SAINT-GEORGES.

Vin de Roussillon vieux et de belle couleur, coupé par moitié avec du vin de Piquepoul pesant 12 à 14 degrés. Ajoutez un flacon de vieillisseur des vins.

Collez avec la poudre anglaise ; vingt jours après, soutirez et mettez en bouteilles.

IMITATION DE FRONTIGNAN.

Vin rouge Bourgogne nouveau, 50 litres.
Vin blanc Vouvray nouveau, 50 litres.
Vanille pilée dans du sucre, 3 grammes.
Alcool 90 degrés.
Un bouquet de séve.

Collez avec trois blancs d'œufs ; trente jours après, soutirez et mettez en bouteilles, si vous le jugez convenable.

VINS BLANCS.

On mélange souvent les vins blancs avec du poiré, ce qui n'est pas facile à reconnaître, à moins que la quantité employée de celui-ci ne soit trop forte, et alors le goût naturel du poiré domine. Ce liquide est assez capiteux pour produire certaines impressions sur les nerfs.

IMITATION DE VIN DE BORDEAUX.

Prenez vin de Bourgogne vieux, 40 litres.
Roussillon vieux, 50 litres.
Piquepoul, 10 litres.
Un quart bouquet de Trasforest.

Collez ; trente jours après, vous pourrez mettre en bouteilles.

IMITATION VIN MUSCAT.

Vin blanc de Chablis, 50 litres.
Raisin sec de muscat, 14 kilog.
Fleurs de sureau, un petit sac de 500 grammes.
Sirop de glucose, par hectolitre, 6 litres.

Après trois mois de macération, filtrez et collez.

IMITATION DU VIN DE MALAGA.

Champagne, 10 bouteilles.
Raisin d'amas, 3 kilogrammes.
Fleurs de pêcher, 90 grammes.
Par hectolitre, sirop de glucose, 4 litres.

Après trois mois de macération, filtrez et collez.

J'ai toujours employé les doses de vin ci-dessus ; mais j'ai remplacé bien souvent les ingrédients avec les bouquets ou essences de M. Trasforest ou de M. Ulysse Roy de Poitiers : c'est le moyen le plus expéditif, et je m'en suis bien trouvé.

MAUVAIS GOUT DES VINS.

Pour les vins qui ont un goût de vert, mettez 2 litres de cognac et 3 litres de sirop de raisin par 230 litres. Collez avec trois blancs d'œufs ; ajoutez en même temps un bouquet de séve de Beaune. Vingt jours après, soutirez.

VINS QUI ONT UN GOUT DE MOISI, FUTÉ OU AIGRE.

Prenez une futaille à eau-de-vie, faites brûler dedans une mèche soufrée. Laissez-la bondée vingt-quatre heures. Pilez 2 grammes de vanille dans 50 grammes de sucre, 500 grammes de marbre en poudre, 100 grammes de charbon animal. Lavez à l'eau bouillante.

Vous délayez le tout avec soin dans 10 litres de vin de Piquepoul. Soutirez le vin dans la futaille d'eau-de-vie. Collez. Soutirez vingt jours après.

VINS ÉCHAUFFÉS OU EN FERMENTATION PAR LA CHALEUR.

Prenez deux œufs avec les jaunes et deux pains de blanc d'Espagne, délayez tout cela dans 3 litres de vin, remettez le tout dans le fût et agitez fortement.

Otez la bonde pendant vingt-quatre heures ; introduisez dans le fût 3 kilog. de glace, une orange fendue en quatre, dans laquelle vous piquerez 8 clous de girofle, ayant soin de mettre l'orange dans un filet, de manière à la retirer au bout de vingt-quatre heures. Soutirez dans une feuillette à bourgogne ou autre, où il y aura eu du vin frais et de bon goût.

EAU DE COLOGNE.

Achetez une dose d'eau de Cologne. Délayez ladite dose dans de l'alcool à 90 degrés ; mêlez ensuite avec l'alcool réduit à 65 degrés ; agitez bien ; mélangez dedans 50 grammes de noir animal, et filtrez à plusieurs reprises.

JEAUGEAGE PAR LE POIDS.

Un litre d'eau ou de vin pèse un kilo ; ayant le poids d'un fût, on en connaît la contenance ; puisqu'un kilo est un litre, il n'y a donc à déduire que la tare du tonneau. Voici le relevé du poids des fûts de chaque contrée et leurs contenances :

	Litres.	Poids.
Beaune, contenant.	230	29 kil.
D'Anjou, bois mince.	230	37
— bois fort	230	40
Touraine, Orléans	236	37
— bois mince	246	35
Orléans, bois fort	230	46
Pièces neuves	230	47

	Litres.	Poids.
Pièces du Cher	244	43 1/2
Gâtinais	222	40
Renaison, bois et fort sommier	200	38
Mâcon, fond plâtré	214	46
Auvergne, bois mince	280	35 1/2
— ordinaire	326	42
— fort	293	43
— très-fort	236	49
Bordeaux, bois mince	218	50 1/2
— ordinaire	221	58 1/2
— petit ordinaire	214	56
— bois fort	226	61
— —	225	61
Marseille, fond ordinaire	213	46
— fond plâtré	220	50
Cahors, bois épais	214	56
Petit muid de Montpellier	313	61
Eau-de-vie de Montpellier	313	61
Pièce, produit de Cognac	297	49 1/2
Gros muid	380	66
—	430	70
Pipe cognac, eau-de-vie	500	86
De Montpellier, de vins	615	99
Esprit	613	117
—	630	118

Alcool, 640 à 650 litres.

TABLE
DES TONNEAUX DE DIFFÉRENTS PAYS, AVEC LEUR CONTENANCE EN VELTES ET EN LITRES.

NOMS DES TONNEAUX.	CONTENANCE en veltes.	litres.
Baril de Madère	2	15
Baril de Malaga	4	30
Baril d'Alicante	5	38
Tierçons ou demi-caque champ.	7	53
Sixains	8	60
Quart-muid ou demi-feuillette	9	68
Quartaut champ ou caque	12	91

NOMS DES TONNEAUX.	CONTENANCE en veltes.	CONTENANCE en litres.
Demi-queue Villenauxe.	23	175
Demi-queue Champagne	24	183
Demi-queue Château-Thierry. . . .	24	183
Demi-queue Ereusier.	27 1/2	208
Demi-queue Reims	26	198
Demi-queue Renaison.	26 1/2	201
Demi-queue bordelaise	26 1/2	201
Demi-queue Saint-Dizier.	28	213
Demi-queue de l'Hermitage.	27	205
Demi-queue de Cahors.	29	221
Demi-queue de Riceys.	29	221
Demi-queue de Grosbard	29 1/2	224
Demi-queue de Chaise.	29	221
Demi-queue de Sancerre	29	221
Demi-queue de Gâtinais.	29	221
Barrique ou tiercerolle	30	228
Muid de Cahors.	39	297
Quartaut de Mâcon	14	100
Quartaut d'Orléans	15	114
Quartaut de Beaune.	15	114
Quartaut châlonnais.	15	114
Quartaut Vouvray.	16 1/2	125
Quartaut Auvergne	18	137
Demi-queue de Mâcon	28	213
Demi-queue de Montigny.	28	213
Demi-queue de Charlieux.	28	213
Demi-queue Garenne du Sel	28 1/2	217
Demi-queue châlonaise.	29 1/2	224
Demi-queue de Beaune.	30	223
Demi-queue d'Orléans.	30	228
Demi-queue de Pouilly.	30	228
Demi-queue de Condrieux	33	251
Demi-queue bâtarde	31	236
Demi-queue de Sologne.	31	236
Demi-queue de Chinon	32	243
Demi-queue nantaise	32	243
Demi-queue de Blois	31	236
Demi-queue d'Anjou.	32	243
Demi-queue de Mont-Louis	32	243
Demi-queue du Cher	32	243

NOMS DES TONNEAUX.	CONTENANCE en velles.		litres.
Demi-queue de Touraine	32	1/2	247
Demi-queue Vouvray	33	1/2	255
Demi-queue grosse Vouvray.	34		259
Demi-queue Auvergne (ris)	35		265
Demi-queue Auvergne (haute). . . .	37		280
Demi-queue d'Auvergne	39		297
Demi-queue de Languedoc	36		217
Demi-queue Saint-Gilles	38		289
Muid d'Orléans	38		289
Muid de Bourgogne.	39		297
Muid Rappé.	40		304
Muid gros.	42		320
Muid très-gros Rappé	45		342
Muid très-gros Bourgogne	46		350
Demi-muid ou feuillette de Bourgogne.	18		137
Feuillette de Bourgogne	19		144
Demi-muid gros	20		152
Demi-muid très-gros.	22		167
Muid de Roussillon	62		472
Muid de Languedoc.	59		460
Muid de Montpellier.	67		510
Pipe de Languedoc	70		533
Barbantane	74		563
Quart-bottes	14		106
Quartaut tiercerolle	15		114
Quartaut russe	16		122
Demi-bottes	29		221
Busse de Saumur	30	1/2	232
Busse d'Anjou.	33		251
Bussard	46		350
Petit muid de Languedoc.	48		365
Muid du Rhône.	38		288
Muid français	36		274
Muid Saint-Gilles	50		380
Pipe de Nantes	71		540
Pipe d'Anjou	63		480
Pipe de Cognac.	82		624
Pipe de la Rochelle	70		533

PUNCH AU KIRSCH.

2 litres de kirsch factice à 50 degrés.
2 — de thé léger.
2 — de sirop de gomme.
1 gousse de vanille pilée dans 50 gr. de sucre.
4 gouttes d'eau de fleurs d'oranger.

Mélangez avec soin et filtrez.

PUNCH AU RHUM.

Sirop de glucose	2 lit.	
Liqueur curaçao.	3 —	
Rhum ordinaire.	3 —	à 45 degrés.
Eau-de-vie ordinaire. . .	2 —	—
Eau.	1/2 —	
Infusion de thé.	10 grammes.	
Total :	10l,50.	

Remuez et filtrez.

SIROP A LA GOMME ARABIQUE
A 34 DEGRÉS.

Lavez la gomme, faites-la fondre dans un cinquième d'eau, et passez-la dans un linge.

Gomme arabique blanche.	100 gr.
Eau.	3 lit.
Sucre raffiné, blanc (cristallisé autant que possible).	5 kil.

Produit : 4 litres 1/2.

LIQUEUR DE FANTAISIE A LA GOMME
A 34 DEGRÉS.

Gomme arabique.	200 gr.
Eau.	7 lit.
Sucre blanc.	6 kil.
Glucose, ou sirop de froment. . . .	5 kil.

Produit : 10 litres, à 1 fr. 15 cent.

PROCÉDÉ POUR CLARIFIER L'EAU.

L'eau la plus trouble, quelle que soit la quantité de substance terreuse ou organique qui y est contenue, devient potable au bout de dix à quinze minutes, quand on y ajoute 45 grammes d'alun potassique en poudre fine, pour chaque litre d'eau, que l'on remue fortement.

MANIÈRE DE FAIRE LES SIROPS.

Prenez de l'eau d'une belle limpidité ; mettez dans une bassine de cuivre rouge non étamée l'eau, le sucre et la gomme. Aussitôt que le sucre sera fondu, et ce après cinq minutes de bouillon, vous ajouterez un blanc d'œuf, que vous aurez délayé à l'avance dans un dixième d'eau ; cette albumine, en se congelant, entraînera les saletés du sirop, que vous écumerez. Vous reconnaîtrez que le sirop est cuit quand il marquera au pèse-sirop 30 degrés bouillant, ce qui produira, froid, 34 degrés. Avant de retirer la bassine du feu, faites-lui faire un bouillon ; une fois la bassine à terre, mélangez pour 10 centimes d'eau de fleurs d'oranger et 5 grammes d'acide tartrique ; filtrez, si besoin est ; au cas contraire, arrosez avec un dixième d'eau froide dessus, et laissez refroidir avant de mettre en litres. Les personnes qui désireraient employer leurs menus de sucre qui souvent sont sales, ou qui ne pourraient avoir de l'eau claire, pourront clarifier leur sirop une fois fait, et ce aussitôt retiré du feu, en mêlant 50 grammes de noir animal que vous mélangerez dans le sirop avec soin. Remuez fortement, et filtrez plusieurs fois.

Si, au contraire, le sucre et l'eau étaient exempts de saletés, et que votre sirop présentât une limpidité ordinaire, il suffirait seulement, une fois le sirop fini, de l'arroser d'un dixième d'eau froide. Laissez refroidir avant de mettre en bouteilles.

SIROP DE GROSEILLE FRAMBOISÉ.

Vin d'Auvergne, ou gros noir de Blois (dit vin teinturier). . . .	1 lit.
Conserve de groseille.	2 lit.
Vinaigre framboisé.	10 centil.
Conserves de merises.	50 centil.
Sucre blanc.	6 kilog.

Une fois le sirop fait et retiré du feu, arrosez avec un dixième d'eau froide, et laissez refroidir.

SIROP DE GROSEILLE ORDINAIRE.

Conserve de groseille.	3 kil.
Sucre.	5 —
Acide tartrique.	5 gr.

Colorez avec le carmin ou teinte bordelaise.

LIQUEUR DE FANTAISIE A LA GROSEILLE.

Essence de sirop en suffisante quantité.

Sucre.	3 kil.
Sirop de glucose.	3 —
Eau.	3 lit.
Acide acétique.	2 centil.

Colorez et opérez comme les précédents.

SIROP D'ORGEAT.

Gomme adragante.	5 gr.
Eau.	3 lit.
Sucre.	4 kil.

Essence d'orgeat en suffisante quantité.

Les personnes qui auraient une sebile ferrée suspendront la sebile au moyen de trois cordes et mettront un boulet dedans, qui servira à écraser les amandes amères à l'état de lait ; elles jetteront d'abord lesdites amandes dans l'eau chaude, les pèleront une à une, les remettront immédiatement dans l'eau froide, et les reprendront toutes ensemble pour les écraser dans la sebile (c'est ce qui remplacera l'essence d'orgeat).

Le sirop une fois fait, retirez du feu, ajoutez 10 grammes d'eau de fleurs d'oranger, remuez, laissez refroidir et conservez dans un endroit frais.

CONSERVES DE JUS DE GROSEILLES, DE FRAMBOISES ET DE MERISES.

Vous presserez les fruits, de manière à en extraire le plus de jus possible ; vous recevrez le jus dans un baquet de bois auquel vous aurez mis à l'avance une cannelle ; et, pour la conserve de groseille, vous ajouterez et mélangerez ensemble un cinquième par litre de jus de cerises aigres. Laissez fermenter le tout vingt-quatre heures, plus ou moins ; cela dépend de la température. Vous reconnaîtrez que votre jus a suffisamment fermenté, et ce, aussitôt que vous verrez la peau dessus le liquide bien formée et se fendre un peu ; c'est la meilleure preuve que votre jus a terminé sa fermentation ; il devra alors être très-clair. Soutirez-le, faites le bouillir deux heures. laissez refroidir et mettez en litres, ayant soin de faire brûler une petite mèche de soufre dans chaque litre ; bien boucher tout de suite et mettre au frais.

AUTRE MOYEN POUR CONSERVER LES JUS.

Après la fermentation terminée, soutirez votre jus dans des litres et bouchez-les bien ; mettez ensuite un plancher au fond de votre bassine, avec un peu de paille, remplissez la bassine d'eau à moitié, mettez vos litres de conserves debout ou couchés, avec un peu de paille entre. Faites bouillir deux heures ; après refroidissement complet, retirez-les, et mettez-les dans un endroit froid. (On compte au plus, en moyenne, 20 pour 100 de casse.)

PRUNES A L'EAU-DE-VIE.

Achetez de belles prunes de reine-claude, qui ne soient pas arrivées à leur maturité ; si les fruits sont sales, on aura le soin de les essuyer avec un morceau de flanelle.

BLANCHIMENT.

1° Vous ferez, avec une grosse épingle, quelques trous, de manière à traverser le fruit, et vous les jetterez à mesure dans un baquet d'eau de puits la plus fraîche possible ; 2° préparez une bassine d'eau, dans laquelle vous aurez mis deux cinquièmes par litre de sirop; faites bien bouillir, retirez ensuite vos fruits du baquet d'eau froide, et jetez-les dans la bassine bouillante désignée ci-dessus, que vous couvrirez immédiatement; retirez le feu, de manière à ne conserver qu'une petite chaleur douce pendant quinze minutes; après, poussez graduellement le feu, jusqu'à ce que vos fruits reviennent à la surface de l'eau; vous enlèverez tous ceux qui se présenteront, ou qui fléchiront au doigt, pour les jeter de suite dans un baquet d'eau froide; quand ils seront raffermis, les retirer; faites-les égoutter sur un tamis ou des linges, et mettez en bocaux avec le sirop composé de la manière suivante :

Sirop de sucre.	20 centilitres.
Eau.	30 —
Alcool à 90 degrés, dans lequel on aura versé 10 gouttes d'essence de kirsch	50 —
Total.	1 litre.

Vous rangerez ensuite les fruits dans des bocaux, et remplirez avec un sirop composé comme ci-dessus. Après quarante jours, ils seront bons à vendre. L'eau qui aura servi, et dans laquelle vous avez mis 2 cinquièmes de sirop sur 3 cinquièmes d'eau, sera utilisée à faire des sirops de gomme de fantaisie.

EXCELLENTE RECETTE POUR CERISES A L'EAU-DE-VIE.

Faire un sachet contenant les ingrédients suivants que vous aurez broyés :

Girofle.	10	grammes.
Coriandre. . . .	30	—
Anis étoilé. . . .	40	—
Cannelle. . . .	20	—
Macis.	20	—
Vanille.	2	—

Vous mettez infuser ces ingrédients, pendant quinze jours, dans 2 litres d'alcool à 90 degrés, dans lesquels vous aurez versé 2 gouttes d'essence de kirsch ; après quinze jours d'infusion, filtrez, ajoutez ensuite 2 litres d'eau et un litre de sirop glucosé. Vous couvrirez vos cerises avec cette liqueur, et, trente jours après, elles seront bonnes à la vente. Prenez 15 kilog. de belles cerises, coupez les queues, lavez-les et faites égoutter ; mettez en bocaux avec la liqueur ci-dessus.

Nouveau filtre pour vins, eaux-de-vie et liqueurs.

L'Office des Distillateurs se charge également de tous les renseignements en ce qui concerne les vins et spiritueux, ustensiles de marchand de vin ou distillateurs; et qui seront donnés gratuitement à tout commerçant qui joindra dans une lettre affranchie 50 centimes en timbres-poste, qui serviront pour les frais matériels de la réponse, rédaction, copie, affranchissement, etc., etc. En ce qu'il s'agit des achats de vins et vinaigres ou spiritueux ; par autorité de justice, ou dans les gares de chemins de fer, et vente publique aux entrepôts, on renseignera tout acheteur dans le plus bref délai, et il n'y aura à payer pour tous frais que un pour cent sur tous les achats faits par l'intermédiaire de l'Office O.-B. F. Guérin, 50, rue de la Paix (Batignolles-Paris).

Le gérant, CHARLES GUÉRIN,
Ancien distillateur.

FIN.

TABLE DES MATIÈRES.

ENTREPOT GÉNÉRAL DES VINS ET SPIRITUEUX

Quai Saint-Bernard, à Paris.

VENTE PUBLIQUE TOUTES LES SEMAINES

Chef de service de la dégustation de toutes les boissons :

M. ARNHEITER, rue d'Argenteuil, 18.

COMMISSION REPRÉSENTATIVE DU COMMERCE EN GROS DES VINS ET EAUX-DE-VIE

Rue de l'Ile-Saint-Louis, n° 5.

MM. ÉLIE LANQUETIN, *président*;
TEISSONNIÈRE et BAUDEUF, *vice-présidents*;
AUBERT, *secrétaire*.

BUREAU OUVERT TOUS LES JOURS, DE DIX A DEUX HEURES.

Par décret impérial, la location des caves, celliers, chantiers, pour le séjour des vins, eaux-de-vie et vinaigres, est fixée comme il suit :

Cellier des spiritueux, par année......	8 fr. »	par mètre carré.
Cave voûtée, autre que les caves de la galerie souterraine....................	6 »	—
Cave de la galerie souterraine........	3 »	—
Cellier des vins dans les magasins de l'Yonne et de la Marne...............	5 50	—
Cellier de la Seine et de la Loire......	4 »	—

Magasins généraux, par mètre courant de chantiers affectés aux esprits et aux eaux-de-vie, par mois.................... 1 fr. »

Vins, vinaigres, huile d'olive.................... » 60

Huiles de toutes espèces.................... » 30

Les droits de location pour les caves ou celliers se payent par semestre et le premier jour qui suit; le prix de la location dans les magasins généraux est payable d'avance, de mois en mois.

Première édition, le 18 août 1866.

Deuxième édition, le 20 octobre 1867.

Pour les personnes qui l'ignoreraient, je déclare que ce Manuel a été déposé au Ministère de l'intérieur, à Paris, et que c'est après lecture sérieusement faite que l'on en a autorisé l'estampillage à la Préfecture de la Seine; toutes les formalités exigées par la loi ayant été remplies, sera poursuivi comme contrefaçon tout exemplaire non signé de l'auteur,

CHARLES GUÉRIN,
ANCIEN DISTILLATEUR.

Paris. — Typographie HENNUYER ET FILS, rue du Boulevard, 7.

www.ingramcontent.com/pod-product-compliance
Ingram Content Group UK Ltd.
Pitfield, Milton Keynes, MK11 3LW, UK
UKHW012047240726
13965UKWH00003B/1114